가족 내 돌봄 노동은 늘 우리 곁에 있었던, 가장 친밀한(때로는 '폭력적'인) 일상의 상호 작용이었다. 다만, 돌보는 역할을 주로 담당해 온 여성들이 일차적 경험을 공적으로 발화할 수 있는 시각과 언어와 힘을 가지게 되면서, 돌봄에 대한 사유가 사적 공간과 관계망을 넘어 공론화될 수 있었다. '기억을 잃어 가는 아버지'와 동행하는 일상을 담아낸 이 책은, 저자가 가진 철학과 신학, 윤리학적 성찰과 성서적 묵상의 지적 사유를 넘나들며, 우리의 삶이 결국은 '기억'을 서로에게 전해 주고 전해 받는 '선물'과도 같다고 말한다. '한참 늦게 찾아오는 기억'도, '빨리 사라지는 기억'도 공동체 안에서 기쁨으로 기억하는 존재가 기꺼이 확인해 주는 한 그 어떤 연약함 속에서도 삶은(그리고 죽음도) 긍정할 수 있는 것이라고 위로한다.

_**백소영** 강남대학교 기독교사회윤리학 교수, 『페미니즘과 기독교의 맥락들』 저자

친밀함과 사랑이 전제된 관계에서 기꺼이 선택한 돌봄이지만, 우리는 한 번씩 돌보는 이에게 큰소리나 한숨을 쏟게 되고 이내 자책하며 괴로워한다. 돌봄의 과정은 크고 작은 보람과 고통의 웅덩이가 끊임없이 차오르는 일인데, 저자는 그 웅덩이에 흠뻑 빠지면서도 기어이 거리를 두고 질문한다. 돌봄받는 자의 취약함과 돌보는 자의 취약함을 연결하면서 의존과 독립, 인지저하증(치매)이라는 질병의 의미를 재해석해 가는 과정을 따라가다 보면, 결국 돌봄을 통해 우리 삶을 재해석하는 길에 이르게 된다. 페미니스트이자 철학자이며 신학자인 저자가 자신의 감정과 현실을 정면으로 응시하면서 써 내려간 "생존의 해석학"은 우리 사회 돌봄의 세계를 확장시킨다. 우리가 끝내 도달해야 할 돌봄 중심 사회로 전환하기 위해서는, 돌봄 과정에서 파생되는 내면의 복잡한 감정과 기존 세계의 한계를 집요하게 해석하고 성찰하는 과정이 필수적이다. 그리고 그 과정에 바로 이런 책이 필요하다.

_**조한진희** '다른몸들' 활동가, 『아파도 미안하지 않습니다』 저자

나는 정신과 의사로서 치매를 진료할 수는 있으나, 거기까지다. 전문 지식은 늘 실제 경험과 괴리가 있고, 경험보다 꼭 나은 것도 아니다. 『죽을 때까지 유쾌하게』에는 그 '경험'이 담겨 있다. 그리고 그 경험을 이해하기 위한 인문학적 사유가 담겨 있다. 치매 아버지를 이해하기 위해 이렇게 깊게 인문학적으로 사유해야 할까? 물론이다. 치매 당사자나 가족 모두 인간으로서의 존엄과 자긍심을 유지하기 위해서라면 무엇이든 해야 한다. 지난한 일상 가운데 '너'와 '나'를 지켜 주는 중심은 무엇인가? 이 책은 이 절박한 질문에 응답한다.

_ **최의헌** 정신건강의학과 전문의, 청어람 ARMC 이사장

죽을 때까지 유쾌하게

IVP(InterVarsity Press)는
캠퍼스와 세상 속의 하나님 나라 운동을 지향하는
IVF(InterVarsity Christian Fellowship)의 출판부로
생각하는 그리스도인을 위한 문서 운동을 실천합니다.

죽을 때까지 유쾌하게

김혜령

약해진 자들과 동행하는
삶의 해석학

IVP

자기 자신조차 잊어 가는 중에도
벗은 신발을 가지런히 신발장에 정리하시는 아버지에게
존경과 사랑을 담아 이 책을 바칩니다。

노인들에게는 꺾이지 않는
그 무엇이 있다.

_조앤 에릭슨, 『인생의 아홉 단계』

차례

들어가는 글
죽을 때까지 살아 있는 존재
13

1
배회의 병 치매
: 안과 밖을 순환하다
23

2
우스꽝스러운 옷차림이 내게 질문을 합니다
41

3
모든 기억이 사라진 자리, 가부장제가 남았다
57

4
가장 미안한 사람들, 그러나 미안함의 이유를 다시 물어야 한다
77

5

치매 환자의
슬기로운 사회생활　　　　　　　　　　　　　97

6

가장 고마운 사람들,
그러나 고마움의 이유를 다시 물어야 한다　　117

7

돌보는 자의 신학
: 하나님을 달리 이해해야, 사람도 달리 바라볼 수 있다　139

8

똥의 신학
: 접촉을 허락하실 때까지　　　　　　　　　159

9

만약 내가
치매에 걸리거든　　　　　　　　　　　　191

주　　　　　　　　　　　　　　　　　　　217

들어가는 글

죽을 때까지
살아 있는 존재

오늘도 치매 데이케어센터*에서 돌아오자마자 아버지는 안방에 있는 자기 침대부터 부엌의 싱크대까지 사부작사부작 반복해서 걷기 시작한다. 약간 굽은 어깨로 양손을 양발과 어긋나게 반대로 약간씩 흔들며, 쉬쉬 소리가 나게 내쉬는 숨을 리듬 삼아 걷는다. 나는 그 모습에 슬프다가도, 웃음이 난다. 내가 '치매'라는 아버지의 비극을 보며 감히 웃음을 짓는 것은 아버지가 병의 증상마저 '부지런하게' 치르고 있는 것 같아서다.

아버지는 평생을 성실하게 살았다. 그 시절 많은 목회

* 치매 환자 주간 보호 기관으로 유치원과 비슷한 스케줄로 돌봄과 교육 재활 서비스를 제공한다.

자처럼 아버지는 네 시에 기상하여 새벽 기도를 빠지지 않고 인도했으며, 일요일에는 오전에만 세 번 있는 예배에서 설교 노트에 정성스럽게 적어 내려간 말씀을 전했다. 밤이든 낮이든 성도들의 상담에 응했으며, 겹쳐서 일어나기 일쑤인 성도들의 가족 장례 절차를 한마디 불평 없이 정성스럽게 치렀다. 교회를 건축할 때는 직접 벽돌이나 시멘트 포대를 나르고 미장일을 거들며 몸 이곳저곳 상처를 얻어 왔다. 휴일이었던 월요일과 휴가 기간에는 교육 대학원과 목회학 박사 학위 과정을 이수하기 위해 더 바쁜 시간을 보냈다. 아버지는 그렇게 한국 교회 '부흥기'를 살아 낸 목회자답게 누구보다도 최선을 다해 앞만 보며 열심히 살았다. 하지만 아버지의 최선이 자기 돌봄의 부재에 기생하고 있었다는 사실을 나는 애써 부인하고 싶지 않다.

자기를 돌보지 못할 만큼 열심히 산 사람이, 이제는 전적으로 타인의 돌봄을 받아야만 하는 병에 걸린 상태에서도 잠시도 쉬지 않고 걷고 또 걷는다. 어디로 가야 하는지 알지 못하는 '걷는 행위'로써 아버지는 자아 인식의 밀도가 낮아진 시간을, 타인과의 언어 소통이 어려워진 시간을, 홀로 가득 채운다. 가끔 내가 손을 잡고 같이 걸으면 내 손을 꼭 잡다가도, 이내 뿌리치며 다시 혼자 걷는다.

* * *

프랑스 철학자 폴 리쾨르Paul Ricœur는 동시대를 풍미했던 마르틴 하이데거Martin Heidegger 철학이 과몰입하는 '죽음을 대면하는 존재 물음'에서 빠져나와 "죽을 때까지 살아 있음"Vivant jusqu'à la mort에 주목했다. 그렇다. 나는 그의 새로운 언어에서 아버지의 시간을 새롭게 해석할 힘을 얻었다. 알츠하이머를 앓는 아버지에게 주어진 마지막 시간의 끝에는 죽음이 명백하게 선고되어 있지만, 분명한 것은 "아직 죽지 않았다"는 사실이다. 아버지는 여전히 "죽을 때까지 살아 있는 존재"로, 아니 하나님이 "생명을 거두실 때까지 살아 있는 존재"로서 내 곁에, 우리 가족 곁에, 우리 교회와 사회 속에 거한다. 그러니 아직 더불어 살아야 한다. 그래서 병환이 몰고 온 슬픔과 좌절의 짙은 그늘에서도 삶의 유쾌함을 잊지 말고 끝까지 노래해야 한다.

나는 아버지의 지루하지만 여전히 생명 가득한 마지막 시간을 동행하며 결국 '우리가 어떻게 삶을 해석해 낼 수 있느냐'가 우리가 서로를 대하는 돌봄의 방식과 질을 결정한다는 것을 깨달았다. 인문주의자들에게는 그 해석이 자기로부터, 언어 자체로부터 오는 것일 테지만, 신앙이 있는 이들에게 그 해석은 거룩한 계시로부터 비롯한다. 가장 약해진 자들을 통해, 흔들리는 생명 활동을 통해 계시하시는 하나님의 계속되는 창조의 힘이 인간의 언어로 해석되기를 기다리고 있다.

나는 감히 약해진 자들을 '위한' 해석학을 쓸 수는 없다. 타인을 위하고 싶은 갸륵한 마음을 성급히 의심하는 요즘 사람들의 시선도 너무하기는 하지만, 타인을 위한다고 하면서 실제로는 타인의 삶을 함부로 얕잡아 보는 위선도 우리의 낡은 시선에 섞여 있기 때문이다. 그래서 이 글은 점점 약해져 가는 아버지와 동행하며, **아버지도 살고 나도 살기 위해** 우리의 삶 속에 자기 뜻을 드러내시는 궁극적 존재를 찾는 나의 자구책이다. 그것은 곧 무의미의 의미를 탐구하고 해석하는 작업이다.

무의미의 의미가 계시되는 순간을 기다리니, 찰나의 순간에 압축되어 드러나는 진리가 보인다. 아버지가 가끔 맑은 정신에 아내에게 "엄마, 좋아" "엄마, 고마워"라며 자신의 평생 진심을 드러내 보이거나, 나를 향해 내 전 존재를 긍정하는 눈웃음으로 "이뻐" 하며 내 두 뺨을 어루만지는 것이다. 서너 살의 인지 능력을 가진 아버지에게서 세상의 그 어떤 지식으로도 담을 수 없는 따뜻한 사랑이 넘쳐 나는 순간이다. 참으로 감사한 일이다. 비극 속에서도 한없는 사랑을 보여 줄 수 있는 내면을 지닌 이를 부모로 둔 것만큼 삶의 축복이 있을까?

* * *

그러나 나는 신학자다. 깨어진 가족, 서로에게 원망만이 남은 이들에게 '축복의 불공평함'을 그냥 받아들이라고 말할 수는 없다. 우리 시대를 장악해 버린 신자유주의가 질병에 대한 연대적 책임 공동체였던 전통적 가족을, 특히 경제적·사회적 자산이 적은 계층의 가족부터 해체하고 있기 때문이다. 그러니 나는 '축복의 불공평함'이 하나님의 정의와는 무관한 것임을, 즉 사회 정의의 부재로 인한 것임을 분명하게 말해야 한다.

    이러한 의미에서 나는 신학이 결코 하나님에 대한 형이상학적 학문이거나, 성경의 문자와 교회의 교리를 답습하는 반복적 학습일 수 없다고 생각한다. 신학은 하나님 없이 살아가는 세상의 불의를 하나님의 정의와 대면시키며, 하나님의 소리를 듣는 자들의 윤리적이면서도 정치적인 책임을 늘 새롭게 일깨우는 창조적인 언어 작업이 되어야 한다. 한마디로, 신학은 약해진 자들과 동행하는 삶의 해석학으로서 한편에는 윤리학을, 다른 한편에는 정치학을 맞잡고 나가야 한다. 더 나은 돌봄의 윤리와 더 나은 돌봄의 정치를 위해, 신학은 이제까지와는 완전히 다른 '약해진 자들'의 존엄에 대한 새로운 이해를 제공해야 할 의무가 있다.

신학은 그리스도인들만을 위한 학문이 아니다. 삶의 해석학으로서의 신학은, 세례를 받고 기독교 교리를 받아들이며 일요일 예배에 참석하는 이들에게만 유효한 것이 아니다. 신학의 언어 핵심에는 경쟁이 최우선의 논리로 작동하는 세상에서 아등바등 생존하기 위해 타자의 취약함을 쉽게 외면하던 우리의 삶이 정말로 정당한 것인지 따져 묻는 '보편적 질문'이 자리 잡고 있기 때문이다.

타고나거나 노력해서 얻는 각자의 능력에 따라 몫을 위계적으로 분배하는 것이 '합리적 정의'rational justice라고 확신하는 '작은 정의론' 신봉자들에게, 신학의 언어는 자기 몫이 처음부터 없거나 그것을 상실한 자들에게도 손해를 감수하면서까지 우리의 몫을 나누는 '더 큰 정의'가 결국 우리 모두의 좋은 삶을 가꾸는 데 유익한 것임을 끊임없이 설명한다. 오늘날 '종교'로서의 기독교가 그 빛을 잃어 세상의 지탄과 조롱의 대상이 되었음을 결코 부인할 수 없지만, 그러함에도 나는 신학자로서 말할 수밖에 없다. 우리가 약해진 자들과 동행하는 삶을 살 때, 그것은 결국 우리에게도 좋다. 약해진 자들과 동행하는 우리의 사랑을 통해서 하나님의 정의가 우리에게 드러나기 때문이다.

* * *

이 책은 2023년 인터넷언론 뉴스앤조이에 연재한 글들을 많이 수정했을 뿐만 아니라, 하나의 글(8장)을 더해 완성했다. 새롭게 수정하고 편집하는 과정에서 아버지의 병환이 연재 초기의 상태와 비교할 수 없으리만큼 나빠진 것을 느끼지만, 그만큼 치매를 앓는 이의 증세가 변하는 궤적을 독자가 가늠할 수 있을 것이다.

    인지와 신체 능력이 서너 살 수준으로 퇴행한 아버지는 깨어 있는 동안 남들 보기에 한없이 가엽고 지루한 시간을 보낸다. 그러나 나는 '오로지 시간을 견뎌 내는 것' 말고는 할 수 있는 것이 많지 않은, 겸허한 삶의 단계가 인간에게 존재한다는 진리를 아버지가 내게 온몸으로 가르쳐 주고 있음을 깨닫는다. 아버지가 젊은 시절 성취한 빛나는 것들보다, 나는 병든 아버지가 죽기까지 버텨내며 증거하는 삶의 진리를 더 오래 기억하며 내 삶을 버텨 내는 힘을 얻을 것이다.

이 책에는 엄마의 헌신을 충분히 담아내지 못했다. 엄마와의 관계도 언젠가 새롭게 정리하며 해석해야 할 것들이 있기 때문일 것이다. 그러나 분명한 것은 아버지를 포기하지 않고 돌보는 엄마의 신의信義 덕분에 나는 아버지의 '곁'에서 이 모든 것을 성찰할 수 있는 최소한의 여유를 선물로 얻었다. 부족한 딸로서 지면을 빌려 엄마에게 감사와 사랑의 마음을 전한다.

치매 환자를 돌보는 일은 가족 구성원만으로는 해낼 수 없다. 은퇴한 지 10년이 훨씬 넘은 목사를 위해 여전히 기도를 아끼지 않는 신도교회 성도들과 낯선 병증을 가진 아버지를 예배 공동체의 구성원으로 기꺼이 맞아 준 나눔교회와 신길중앙교회 성도들에게 감사드린다. 무엇보다도 아버지의 낮 시간을 동행해 주는 영등포노인종합복지관 데이케어센터와 신길 데이케어센터의 모든 선생님께 진심으로 존경과 감사를 표한다.

부족한 글이 세상에 나오도록 배려해 주신 뉴스앤조이 이용필 기자와 김은석 (전) 기자에게 감사한다. 무엇보다도 한 권의 책으로 독자를 만날 수 있게 된 것은 출판에 확신이 없는 나에게 용기를 준 IVP 이종연 편집장과 박예찬 편집자의 수고 덕분이다. 책은 협력의 작품임이 명백하다.

약해진 자들과

그들과 동행하며 약해진 자들 모두에게,

하나님의 **유쾌한** 위로가

죽을 때까지 가득하길 기도합니다.

1

배회의 병 치매

안과 밖을 순환하다

결국 두 주 전 '치매 도어락'이라는 별명이 붙은 최신식 양방향 도어락으로 현관문 잠금장치를 교체했다. 사실 작년에도 도어락 교체를 고민하지 않은 것은 아니지만, 투박한 디자인이 인테리어를 새로 하고 합가한 집에 너무 어울리지 않아 선뜻 마음을 먹지 못했다. 다행히 1년 만에 겉으로는 일반 도어락과 구분이 되지 않는, 꽤 괜찮은 디자인의 양방향 도어락을 찾을 수 있었다. 그러나 지금 와서 생각해 보니, 작년에 교체하지 않은 이유를 디자인 탓이라고 할 수 없었다. 그때 바꾸지 않고 버틸 수 있었던 이유는 알츠하이머 치매인 아버지가 혼자 하루에 두세 번 외출하는 것이 가족 모두에게 귀찮은 일이기는 해도 큰 문제를 발생시키지 않았기 때문이다. 아버지는 가족을 제외한 사람을 알아보거나 과거의 사건들을 기억하는 데는 이미 상당한 장애를 얻었지만, 두어 시간을 걸어 다녀도 문제가 없을 만큼의 건강한 신체와 공간 인지의 상당 부분을 다행히 잘 유지하고 있었다.

물론, 아예 문제가 없지는 않았다. 3년 전 진단을 받자마자 우리 세 식구(나와 남편, 딸)는 부모님과 새집을 얻어 합가했는데, 그 뒤로 아버지는 늘상 다니는 산책 코스를 벗어나 이전에 일하던 곳을 가겠다고 나섰다가 길을 잃은 적이 대여섯 번 있었다. 다행히 미리 핸드폰에 깔아 둔 위치 추적 앱으로 아버지를 매번 옆 동네에서 어렵지 않게 찾아 집에 모시고 올 수 있었다. 물론 '어렵지 않았다'는 것은 아버지를 찾고 난 뒤 남은 주관적인 기억에 불과하기에, 치매 환자와 사는 일이 누구에게나 부담 없는 일이라고는 할 수 없다. 홀로 외출한 아버지가 지금 어디쯤 있는지 마음 졸이며 신경 쓰는 일을 매일 반복하는 것도 사실 쉽지 않을뿐더러, 한번 길을 잃으시면 주 보호자인 엄마는 물론이고, 나나 남편도 엄마를 보조하며 차량을 운전하기 위해 일상이나 업무를 즉시 멈춰야만 했다. 그중에 두 번은 경찰에 신고하고 도움을 받기도 했다.

그러나 아버지가 대부분은 혼자 산책을 잘 마치고 집

에 돌아오실 뿐만 아니라, 위기 시에도 위치 추적 기술과 경찰의 서비스가 크게 도움이 된다는 걸 거듭 경험하면서, 우리 가족은 '감히' 치매 환자가 계속해서 혼자 거리를 다닐 수 있도록 했다.

  잘 모르는 사람들은 인지 기능이 온전하지 않은 환자에 대한 방관이라고 생각할 수도 있을 것이다. 그러나 일상생활 기능이 상당 부분 남아 있는 사람을 **일정 부분** 장애를 핑계로 집 밖 출입을 통제하는 것은 윤리적으로 옳지도 않을 뿐만 아니라, 현실적으로 가능하지도 않았다. 엄마와 나, 남편 그 누구도 외출하겠다고 마음먹은 아버지의 마음을 쉽게 포기시킬 수 없었다. 아버지는 일부 기능 면에서 이미 5-6세의 아동과 같은 인지 판단 능력으로 퇴화했지만, 그렇다고 해서 자의식과 정체성 면에서도 같은 퇴화가 일어난 것은 아니었다. 잃어버린 능력과 상관없이, 아버지는 스스로 여전히 사회인이라고 여겼으며 가족을 지키는 가장이라고 여겼다. 우리 셋은 그런 그를 집 안에만 가만히 머물게 할 논리도 물리력도 갖지 못했다. 아버지가 신발을 신고 현관문을 여는 순간, 몸싸움을 벌이지 않고는 그를 멈추게 할 수 없었다. 우리는 몸싸움의 타당한 근거도 전혀 찾지 못했을 뿐만 아니라, 혹여나 우리가 막아

선다고 해도 아버지의 외출 의지는 오히려 훨씬 더 강해질 뿐이었다. 한마디로, 나가겠다는 아버지를 도대체 이길 수가 없었다.

* * *

그러나 올해 늦은 봄, 치매 등급 4등급에서 3등급으로 하향 판정 받은 무렵부터 아버지의 외출에 대한 우리의 대비는 이전과는 질적으로 달라져야 했다. 4등급과 3등급의 차이는 비전문가나 가족 외의 사람들이 보기에 명확하지 않을 수 있다. 4등급은 "심신 기능의 장애로 일상생활에서 **일정 부분** 다른 사람의 도움이 필요한 자"를, 3등급은 "심신 기능의 장애로 일상생활에서 **부분적으로** 다른 사람의 도움이 필요한 자"를 뜻한다.[1] 그러니까 3등급으로의 하향 판정은 다른 사람의 도움이 조금 더 필요해진 것이라고 볼 수 있다.

아버지 역시 엄청난 수준의 인지 기능 퇴행이 일어난 것은 아니었다. 아버지는 함께 사는 가족을 여전히 잘 알아보았으며, 컨디션에 따라 대화도 꽤 잘했다. 여전히 사회적으로 쓸모 있는 존재가 되고 싶어 했고, 아내의 남편으로서 자녀의 부모로서 자신의 역할을 수행하고 싶어 했다. 심지어 걷는 능력은 오히려 더 좋아진 듯했다. 그러한 능력과 의지의 지속성 속에서 거의 유일하게 나빠진 것은 '숫자'에 대한 인지 능력이었다. 물론 그전부터 간단한 계산을 하는 것이 이미 불가능하기는 했지만, 10까지 숫자를 인지하고 구별하는 데는 아무런 문제가 없었다. 그러나 이 작은 인지력이 훼손되고부터 아버지의 일상 외출은 가족뿐만 아니라, 아파트 주민들의 일상을 방해하는, 생각보다 큰 불안 요인이 되어 버렸다. 아버지가 엘리베이터 층수를 제대로 인식하지 못해 다른 층들도 엉뚱하게 함께 누르고 다른 층에 내려 이웃집 현관 도어락에 손을 대기 시작한 것이다.

사실 우리 아파트 라인의 주민 대부분은 아버지의 질병을 이미 알고 있었다. 처음 합가하며 이사를 준비할 때부터 나는 같은 라인 이웃들에게 편지를 돌리며 아버지의 질병을 공개하고 양해를 구했다. 엘리베이터에서 아버지가 이웃들에게 소위 '정상'에서 벗어난 제스처나 말(다행스럽게도 아버지는 주로 아이들에게 이쁘다고 말하거나, 이웃들에게 멋진 분이라고 칭찬한다)을 할 때면, "할아버지 알츠하이머예요~"라고 웃으며 말해 왔다. 그 덕분이었을까? 감사하게도 이웃들은 우리 가족이 크게 상처받지 않도록 아버지의 문제를 신중하게 알려주었다. 아버지가 층수를 헷갈려 도어락을 열려고 시도했던 아랫집 주인은 우리에게 직접 말하기보다 경비실을 통해 사실을 조심스럽게 알려 왔다. 특히 딸들이 있는 집이라 낯선 남자가 도어락을 열려고 할 때는 무서워한다고 잘 설명해 주었다. 며칠 뒤, 우연히 만난 다른 층 이웃 아주머니는 아버지가 자신이 엘리베이터를 내릴 때 함께 내려서 집에 따라 들어오더니 아내를 찾았다고 했다. 이미 아버지의 치매 상태를 알고 있었기에 아주머니는 엘리베이터를 잡아 집 앞에 모셔다 드렸다고 했다.

 이 일이 있자, 엄마는 아버지가 평생 목회를 한 목사임을 이웃들에게 알려주자고 했다. 엄마는 그게 아버지가 위험한 사람이 아니라는 뜻으로 전해지리라 믿은 것이다. 그러나 나는 그것이 답이 될 수 없음을 알았다. 소위 사람들이 말하는 '착한 치매'이건 아니건, 현재 우리가 살고 있는 공동 주택의 생활 양식에 있어서 층수를 헷갈리고 남의 집 도어락을 누르거나, 이웃집에 들어가는 자는 모두 하나같이 '주거 침입죄'라는 멍에를 벗어날 수 없기 때문이다. 그러다 보니 인지 기능 중 숫자를 인식하는 기능 단 하나가 더 훼손되었을 뿐인데도, 아버지의 삶은 근본적으로 달라져야 했다. 이제 우리는 아버지가 혼자 집을 나설 수도, 혼자 집에 들어올 수도 없게 '통제'해야 했다. 아버지로부터 이동의 자유를 박탈해야 했다.

그러다 보니 이제는 정말로 몸싸움이라도 벌여서 아버지의 외출 의지를 꺾거나 매번 외출에 동행해야 하는 사태에 처하게 되었다. 이러한 상황에서 새로 교체한 양방향 도어락은 엄청난 효과를 발휘했다. 어떤 환자는 도어락을 부수기도 한다는데, 아버지는 한두 번 문을 열려고 시도하다가 안 열리는 걸 확인하게 되면 엄마나 나를 나지막하게 부른다.

"어. 이게 이상해. 안 돼. 내가 바보가 됐나 봐."

그러고는 문 앞에 얌전하게 서서 문 좀 열어 달라고 말한다. 아버지는 자신의 퇴행하는 인지 능력에 대해 "바보가 됐다"고 표현하곤 하는데, 문을 열지 못하는 자기 자신에게 실망한 것이 분명했다. 그러나 능력의 퇴행은 아버지 입장에서 사위나 손녀딸에게까지 공개하고 싶은 것은 아니었다. 그러니 조용히 엄마나 나를 부르는 것이다. 그나마 자신의 연약함이 드러나도 가장 덜 창피하다고 생각되는 두 사람에게 도움을 요청하는 것이다. 치매 3등급이 된 아버지와 살기 위해 우리 가족은 아버지가 외출을 원할 때 함께 1층까지 동행하고 배웅한다. 그리고 20여 분 뒤 위치 추적 앱을 확인하고 아파트 1층 현관 앞에서 아버지를 맞이하여 엘리베이터의 집 층수를 대신 눌러 모셔 온다. 그 방법이 아버지의 박탈된 이동의 자유를 일부라도 보존할 수 있는 유일한 대안이 된 것이다. 영구 박탈에서 임시 제한으로 말이다.

나는 우리 아파트의 주민들에게 정말이지 미안한 마음을 품고 있다. 그러나 그렇다고 이것이 온전히 아버지나 우리 가족의 탓이라고 말하고 싶지는 않다. 우리가 사는 주거 양식이 층별, 호수별로 단단히 고립되어 서로 누가 사는지도 모르고 누가 말 걸어오는 것조차 귀찮거나 두려울 수밖에 없는 거대 도시의 '삭막한 아파트'가 아니라 이웃 간의 말과 음식, 사람이 오고 가는 것이 늘 일어나는 '마을'과 같은 친숙한 관계가 상존하는 곳이었더라면, 숫자를 인지하는 기능을 잃은 아버지의 지금 일상은 숫자를 인지할 수 있었던 몇 달 전의 일상과 크게 다르지 않아도 되는 것이었다. 이웃 간에 관계가 살아 있는 주거 공동체에서라면 아버지는 통제가 필요한 낯선 사람으로 매번 경계해야 할 대상이 아니라, "아이고, 할아버지. 오늘도 이리로 오셨

네" 하며 친숙하고도 쾌활하게 맞이하는 동네 이웃이 될 수도 있기 때문이다.

그렇다면, 이렇게 다시 물을 수 있다. 우리가 현재 사는 공동체의 생활 세계는 '정상적 생활'이 어려운 유병자를 통제하면서 일구는 차별적 안전이자 평화가 아닌지 말이다. 누군가를 '집 안'이나 '기관'에 가두어야만 이루어지는 인공적 안전과 평화, 그 매정한 상태를 우리는 이제 진지하게 성찰해 보아야 하지 않겠는가? 치매를 잘 모르는 사람들은 물을 것이다. 어차피 일하러 갈 곳이 있는 것도 아니고, 나가도 길을 잃고 고생만 하는데 왜 자꾸 집을 나서 배회하려고 하는지, 집처럼 편한 곳이 어디에 있다고 그냥 편히 집에 머무르는 것이 가족이나 이웃에게 피해를 덜 주는 것이 아니냐고 말이다. 내 생각도 크게 다르지 않았었다.

"아버지, 왜 자꾸 나가시려고 그래. 나가셔도 할 일도 없잖아. 아버지 은퇴하셨어요. 집에서 엄마랑 편히 쉬시는 게 좋지 않아? 왜 쓸데없이 자꾸 나가시려고 해요?"

* * *

나도 정말 그렇게 생각했었다. 치매 환자의 외출은 '쓸데

없는' 배회라고 여겼다. 그러나 치매 노인의 치료를 전문으로 하는 일본의 안과 의사 히라마쓰 루이가 쓴『치매 부모를 이해하는 14가지 방법』(뜨인돌)을 읽고, 이제까지 내가 아버지의 외출을 얼마나 잘못 이해하고 있었는지 알게 되었다. 그에 따르면, '배회'의 사전적 의미는 '목적 없이 걷는 것'이지만, '치매에 의한' 배회는 대부분 목적이 있다.[2] 다만, 환자가 원래의 목적을 잊어버렸거나, 혼자 찾아갈 수 없는 목적지를 설정한 것일 뿐이다. 다시 말해 어떤 목적이 있어 외출했지만, 기억력이 약해져서 원래의 목적이나 도착지를 잊고 헤매는 것이다.

루이는 외출의 목적이 다양하다고 말한다. 먼저, 자신에게 친숙한 예전의 집을 찾아 돌아가고자 배회하는 것인데, 이를 귀택원망성 歸宅願望性이라고 부른다. 다른 경우는 가족이나 친구를 만나기 위해서거나, 반대로 가족에게 쓸모없는 짐이 되었다는 생각에 외출하는 경우다. 또, 의외로 집이나 병원 안에서 화장실을 찾지 못해 밖을 배회하는 경우도 있다고 한다. 마지막으로, 우리 아버지가 이 경우에 속하는데, 평생 근면하게 생활해 왔던 삶의 태도가 환자의 외출과 배회의 원인이 된다고 한다. 가족의 생계를 책임지며 반복적으로 다녔던 직장이나 식재료 마트에 가기 위해 환자가 집을 나섰다가 길을 잃는다는 것이다.

가슴이 먹먹했다. 나는 아버지의 외출이 이웃들에게 초래하는 문제들에 심란하고 불안하여 외출을 조금이라도 줄이려고 했는데, 아버지의 외출은 그야말로 평생토록 우리 가족을 위해 '쓸데'를 찾아 일하기를 멈추지 않았던 그의 근면성에 따른 것이었다. 그제야 기억났다. 외출에서 돌아온 아버지에게 잘 다녀오셨느냐고 물으면 아버지는 거의 매번 똑같이 대답했다.

"나갔는데, 할 일이 없어. 아무것도 못 하고 왔어. 재미없어."

중절모는 꼭 쓰고 외출하는 아버지의 뒤를 몰래 따라갔던 날들도 생각이 났다. 터벅터벅, 치매 환자 고유의 발걸음으로 거리를 걷는 아버지는 정면을 응시한 채 걸으면서도, 대답하지 않을 사람들에게도 종종 말을 걸곤 했다. 어린아이를 보고 이쁘다고 말을 건네거나, 길가에 앉아 있는 노인을 보며 괜찮으시냐고 말을 건넸다. 때때로 신축 오피스텔을 홍보하는 사람들에게 붙잡혀 한참 이야기를 듣고는 행주며, 휴지를 받아 오는 날이면 아버지는 매우 신나 했다. 그렇게 아버지는 밖에 나가서 자신의 쓸모와 쓸데를 찾아 헤맸던 것이다.

* * *

20세기 프랑스 철학자 가스통 바슐라르Gaston Bachelard는 『공간의 시학』(동문선)이라는 책에서 인간을 집의 '안'과 '밖'을 끊임없이 오고 가는 존재로 설명했다. 이는 그와 동시대를 살았으면서 생전에 이미 철학자로서 최고의 명성을 쌓고 있던 독일 철학자 마르틴 하이데거의 설명과 다분히 대비된다.

하이데거는 형이상학과 관념론, 유물론이 뒤섞여 있는 서구 철학 전통에서 오랫동안 제대로 논의되지 못한 세계 내에 존재하는 인간의 존재성 탐구를 강조하기 위해 "인간은 세계에 거주한다"라고 곧잘 표현했다. 그러나 하이데거는 '집' 자체를 '현존재'Dasein로서의 인간이 세계 내에 존재하기 위해 사용하는 하나의 도구로 인식했다. 그에게 현존재가 본질적으로 던져진 곳은 집이 아니라 세계였기 때문이다. 즉, 세계 내의 존재로서의 존재 물음이 중요한 것이지, 집의 안과 밖을 오가는 존재로서의 거주 물음이 중요한 게 아니었다. 그는 명사가 아닌 존재의 동사적 사태를 강조하고, '존재하다'를 '거주하다'라고 표현하기도 했지만, 그에게 집은 인간 존재의 동사성$_{動詞性}$을 이해하는 데 중요한 통찰의 대상이 되지 못했다.

하지만 바슐라르는 집을 단순한 거주의 도구로 보는 것에 반대했다. 아무리 그 크기가 보잘것없이 작더라도 집은 광활한 세계의 유랑자인 인간에게 밖에서 돌아올 곳이자, 밖으로 나서는 곳이기 때문이었다. 인간의 모든 활동의 중심점이 곧 집이며, 그 모든 활동이 집을 나가고 들어가며 이루어진다는 사실을 놓치지 않은 것이다. 그는 다음과 같이 말했다.

> 존재 안에 갇힌 자는 항상 거기서 나와야 한다. 존재 밖으로 어렵게 나왔지만, 항상 거기로 되돌아가야만 한다. 따라서 존재 속에서는 모든 것이 순환이고, 모든 것이 우회이자 귀환이며 담화이고, 모든 것이 체류의 연속이자 모든 것이 끝없는 노래의 후렴이다.[3]

인간의 인간다움은 집을 거점으로 하여 집과 세계를 멈추지 않고 오고 가는 반복성에서 근원적으로 다져지게 된다는 바슐라르의 통찰은 치매를 비롯하여 거동의 자유가 제한되는 모든 이에게 가족과 사회가 저지르는 폭력을 폭로하는 듯하다.

아버지의 외출은 치매 환자라는 특수성이 발생시키는 증세가 아니다. 아버지는 세상의 누구나 그렇듯이 인간이기에 집 안과 밖을 오고 가고 싶은 욕망을 품고 있으며, 그의 신체가 허락할 때까지 그 욕망을 포기하지 않고 실천하는 중이다. 배회라는 증상은 다만 안과 밖을 오고 가는 인간 본연의 능력에 장애가 발생했다는 것을 의미할 뿐이다. 그러니 우리 중 누구도, 치매 환자에게 쓸데없이 왜 자꾸 밖에 나가려 하느냐 물을 수 없다. 그런 말은 인간에게 왜 인간이 되고 싶은지 묻는 것밖에 되지 않는다.

그러나 질문의 폭력이 가장 자주 발생하는 곳은 아버지의 사랑을 가장 많이 받고 자란 내 내면임을 나는 부정할 수 없다. 하루 여덟 시간 등하교하듯 다니는 데이케어 센터가 쉬는 주말이면, 아버지는 하루에 네다섯 번도 외출하려고 한다. 집 안과 밖을 멈추지 않고 오고 가는 인간 존재에 대한 바슐라르의 통찰을 300쪽 박사 학위 논문에서 40쪽이나 다루었으면서도, 나는 아버지의 외출을 오랫동안 이해하지 못하고 귀찮아하며 원망해 왔다. 그래서 이 글은 치매 환자를 이해하지 못하는 사람들을 향한 호소문이 아니다. 이 글은 치매 환자가 된 아버지와 하루하루 더

불어 살기 위해 애쓰는 내 마음에서 쉬지 않고 발생하는 갈등과 폭력을 가만히 들여다보며, 삶 그 자체에 대한 경외감으로 아버지와 가족을 다시 이해하고자 하는 생존의 해석학이다. 좌절과 희망이 무한대의 변증법처럼 교차하는 삶의 순간순간, 이 해석학을 통해 나는 아버지의 질병을 이해하고 나의 부족함을 견뎌 보고자 한다.

그래서 이 글이 혹시나 비슷한 처지에 있는 이들에게 우리가 각자 고립된 것이 아니라 서로 연결되어 있다는 느낌만이라도 줄 수 있다면, 우리 가족에게 일어나는 일을 공개하는 데 기꺼이 동의해 준 가족 모두에게 큰 보람이 될 것이다. 그러나 결국 치매 당사자인 아버지의 동의를 받을 수는 없다는 사실이 이 글이 근원적으로 안고 있는 한계임을 나는 고백한다.

○ **덧붙이는 생각**

    아버지는 '아버지'로 부르며 어머니는 '엄마'라고 부르거나, 남편의 부모나 가족에게 '시'라는 말을 붙여 사용하는 것이 페미니스트에게 적절한 호명 방식인가를 의심할 수 있다. '치매'癡呆라는 말도 '어리석고 미련하다'라는 뜻을 담고 있기 때문에, 이 말의 사용이 인지저하증을 앓는 사람들에 대한 사회적 편견과 비하를 재생산한다는 비판도 존재한다. 두 비판 모두 타당하다.

    언어는 의식을 지배하며 우리 삶을 구성하기 때문에 '정치적 올바름'political correctness의 관점에서 바꿔 나가야 한다. 그러나 나는 적어도 이 책에서는 가족 호칭들을 일부러 사용하기로 했다. 페미니스트란 성차별 구조에서 완벽히 해방된 자가 아니라, 그 역시도 성차별 구조의 잔해에 여전히 일부 매여 있는 존재이기 때문이다. '치매'라는 말도 마찬가지다. 내가 고찰하고자 하는 알츠하이머 환자에 대한 사회적 편견과 비하는 '치매'라는 단어가 발화되는 우리 언어 세계 속에 깊이 자리 잡고 있다. 치매라는 말을 당장 걷어 내면 차별의 고리는 끊어 내는 시작이 될 테지만, 현재 환자들이 처한 차별의 실존적 맥락이 사라지고 만다. 언어의 정치적, 아니 윤리적 올바른 사용이 중요하지만, 인간의 언어 안에 차별이 혼재되어 있다는 사태 자체를 고백하는 것도 중요하다. 표현의 난점을 독자들이 너그러이 이해해 주기 바란다.

2

우스꽝스러운 옷차림이
내게 질문을 합니다

아버지는 한국 교회의 가부장적 문화에서 평생을 '착한 가부장'의 이미지를 유지하며 직업적 권위의 정당성을 확보해 온 '진지하고 점잖은' 목사였다. 그러나 집안에서만큼은 화목한 가족 분위기를 위해 가끔 우스꽝스러운 춤을 추거나 짓궂은 장난을 쳤다. 실제로, 아버지가 어릴 적에 동네 개구쟁이였다는 말을 할머니나 큰아버지로부터 많이 들었다. 아버지의 유쾌한 기질은 치매 3년 차인 지금도 다행히 제법 남아 있다. 아버지는 자신의 인지나 신체 능력의 손실을 느낄 때면 그것을 변명하기라도 하듯, '이상한' 이야기들이나 '동문서답'식의 말들을 늘어놓았다. 그런데 신기하게도 그 깨진 논리에 아버지의 위트가 살아 있는 경우가 종종 있다. 그럴 때마다 우리 가족은 방금까지 답답해하고 우울해하던 걸 멈추고 박장대소를 했고, 그런 우리를 보고 아버지도 따라 웃었다. 아버지는 아직도 가족을 웃게 하는 가부장일 때 자신이 무언가를 가족에게 해 주었다고 생각하며 행복해하는 것 같다.

하지만 아버지의 병세가 진행되면서 아버지를 보고 웃게 되는 일에 늘 좋은 감정만이 남는 것은 아니었다. 뛰어난 희극 작품에 감춰진 파토스pathos처럼, 아버지가 가족에게 웃음을 자아내는 상황 중에 깊은 슬픔과 좌절을 함께 안기는 일들이 점점 많아지고 있다. 그중에서도 요즘 가장 빈번하게 일어나는 '마냥 웃을 수만은 없는 일'은 주로 옷과 관련하여 일어난다. 계절에 맞지 않는 옷을 고집스럽게 입는 증상은 치매 환자 상당수에게 나타나는데, 아버지에게도 그러한 일들이 점점 늘어나고 있다. 아무리 설명해도 이해하지 못하는 아버지를 위해 엄마는 옷을 살 때부터 기온을 고려하며 재질을 고르거나 세탁소에 수선을 맡겨야 했다. 옷걸이에는 당장 입을 옷만을 간단하게 남겨 두고 나머지는 숨겨 두었다. 그런데도 아버지는 외출을 원할 때마다 어떻게 옷들을 찾아냈는지 이렇게 저렇게 껴입고 방을 나선다.

한여름인데도 중절모 두 개를 겹쳐 쓰고, 외출용 바지

안에 잠옷을 겹쳐 입는다. 심지어 그 위에 엄마의 고무줄 바지까지 겹쳐 입을 때도 있다. 요즘 젊은이들이 레이어드 룩layered look을 하듯, 긴팔 티셔츠에 짧은 소매 셔츠를 입고, 그 위에 잠바를 또 겹쳐 입는다. 그 모습을 보는 즉시 나나 엄마는 터져 나오는 웃음을 참지 못한다. 마치 찰리 채플린의 영화 속 광대 모습 같다. 그러나 그 웃음에는 채플린 영화가 자아내는 파토스와는 비교할 수 없을 만큼 더 깊은 먹먹함이 있다. 아버지는 사람들의 웃음을 자아내기 위해 잠시 연기를 하는 것이 아니기 때문이다.

내가 요즘 걱정하는 것은 아버지의 '이상한' 옷차림 앞에 터져 나오는 웃음이 너무 쉽게 나의 거친 반응으로 연결되곤 한다는 사실이다. 나는 아버지가 잘못 입은 바지를 감히 반강제로 벗기거나 다시 입힌다. 그러고는 이런 행동이 술에 취해 옷을 벗고 자던 아버지 노아를 조롱한 막내아들 함의 행동에 견줄 만한, 아주 못된 행동이라는 생각에 우울해지곤 한다.

사실 세상의 많은 문제는 과학적으로만 사고하면 문젯거리조차 되지 않는다. 의사 히라마쓰 루이는 치매 환자는 자율 신경계의 이상으로 체온 조절이 잘 되지 않아 날씨에 맞지 않는 옷차림을 하게 된다고 설명한다. 그러니 아버지의 '이상한' 옷차림도 '과학적으로' 그의 자율 신경계 손상이 발생시킨 '질병 증상'에 불과하다. 원천적으로 웃음이나 슬픔의 이유가 아니라, 단지 의료 관리 대상인 것이다. 루이는 치매를 걱정하는 독자를 향해 과학적 사고를 하는 '의사답게' 예방법을 제안하기도 했다. 치매에 걸려도 계절에 맞지 않는 옷을 입지 않기 위해서는 "감보다는 온도계를 확인해서 그 온도에 따라 옷차림을 정"하는 습관을 평소에 미리 들여놓으라고 말이다.[1]

그러나 과학적 사고방식이 주는 명쾌한 원인 분석과 대안에도 불구하고, 나는 치매 아버지의 철에 맞지 않는 옷차림 앞에서만큼은 마음을 추스르기가 쉽지 않다. 웃음과 슬픔의 모순된 조합은 아무리 과학적 사고를 한다고 해도 쉽게 멈춰지지 않는다. 인간 행동을 병리학적 관점에서만 바라보는 의사 루이는 옷 입는 행위가 내포한 사회 문화적 함의를 전혀 고려하지 못하고 있다.

* * *

철학자들은 오랫동안 언어야말로 다른 동물과 구분되는 인간의 고유한 특성이라고 말해 왔다. 그러나 현대 동물 행동학의 발전으로 이제 우리는 인간이 아닌 다른 유인원이나 (돌)고래 등에도 언어를 비롯한 다양한 사회적 소통 능력이 존재함을 알게 되었다. 인간은 계통학적으로 여타의 동물들로부터 단절되지 않고 연결되어 있다. 그런데도 여전히 옷 입는 행위만큼은 고유한 '인간적인 행위'로 남아 있다. 자기 것이 아닌, 남의 털이나 피부로 외피를 덮거나 꾸미며 다른 개체와 관계 맺는 사회적 동물은 (내가 아는 한) 인간밖에 없다.

이러한 관점에서 옷과 관련된 창세기 이야기는 우리에게 중요한 통찰을 준다. 창세기에서 옷은 지능이 가장 높은 동물이 변덕스러운 환경에 적응력을 높이기 위해 발명한 생존 도구로 증언되지 않는다. 이 이야기는 옷을 입는 행위가 어떻게 인간의 보편적 탐욕이나 사회의 위계질서와 연결되어 있는지, 그리고 그러한 것들이 창조주 하나님과 분리된 인간 실존과 어떠한 관련이 있는지 설명하려 한다.

창세기 이야기 속에 등장하는 인류 최초의 옷은 아담과 하와가 무화과 나뭇잎을 어설프게 엮어 입은 것이었다. 그들은 하나님같이 전능해지고 싶어서 선악과를 따 먹었고 그 결과 눈이 밝아졌지만, 밝아진 눈은 창조주 하나님처럼 세상을 볼 수 있게 하기는커녕 자신들의 '벗은 몸'을 부끄럽게 인지하게 했다. '벗은 몸'이 본질적으로 부끄러운 것이 아니라, 탐욕에 물든 눈이 '창조 원형의 몸'을 '벗었다'라고 수치스럽게 여기는 왜곡을 발생시킨 것이다. 이러한 관점에서 창세기 기자는 옷 입는 행위가 하나님과 멀어진 인류가 직면하게 된 '자기혐오'의 문화(자신의 벗은 몸을 수치스럽게 여김)뿐만 아니라, '(성)폭력'과 '착취'의 문화(타인의 벗은 몸을 대상화하거나 물화함)를 상징하는 것으로 통찰했다고 이해할 수 있다.

옷 입는 행위는 생산성과 효율성을 핑계로 남자와 여자 사이, 왕과 신하 사이, 자본가와 노동자 사이에 차등적으로 노동을 '분업'하고 그 분업이 초래하는 힘의 차이에 따라 지배와 복종의 권력관계를 재생산해 온 인류 문화의 실천적 총체라고 할 수 있다. 현대 사회학이나 인류학의 용어로 말하자면, 옷 입는 행위야말로 인간의 사회적이며 문화적인 수행성performativity을 가장 잘 드러내는 일이다. 옷 입는 행위는 모든 인간 사회에서 성과 지위, 부, 국적이나 민족, 나이, 결혼 여부, 자녀 여부(특히 아들) 등에 따라 철저하게 끼리끼리 구별 짓는 관습이자 도덕적인 행위로 받아들여진다. 바로 그런 이유에서 예수가 아무리 "너희가 어찌 의복을 위하여 염려하느냐? 들의 백합화가 어찌 자라는가 생각하여 보라"고 말씀하셨다고 해도(마태복음 6장 28절),

그리스도인 대부분이 옷에 대한 염려를 여전히 쉽게 놓지 못한다. 그러니 예수의 말씀에 영감을 얻어 하나님이 창조하신 백합화의 아름다움을 찬송하면서도, 꽃 자체에 집중하며 노래하기보다 '솔로몬의 옷'에 비교급 우위의 수사修辭를 동원해야만 했던 것이 아닐까.

참 아름다워라 주님의 세계는
저 솔로몬의 옷보다 더 고운 백합화

옷 입는 행위의 사회 인류학적 의미를 생각하며, 나는 '참 아름다워라'라는 찬송 가사를 비꼬아 생각해 본다. 작사가는 하나님이 창조하신 백합화가 세상의 그 어떤 옷보다도 아름답다고 찬양하지만, 동시에 그는 솔로몬의 옷이 상징하는 인간 사회의 위계질서에서 여전히 해방되지 못했다. 인간 사회에서 왜 왕의 옷이 신하의 옷이나 노예의 옷보다 더 귀하게 대접받고, 남자의 옷이 여자의 옷보다 더 권위를 가져야 하는지 작사가도, 노래를 부르는 사람도 전혀 의심하지 않는다. 솔로몬은 당연히 최고의 옷을 입어야 하고, 최고의 옷은 언제나 솔로몬 차지라는 사실에 어느 사람도 불만을 표출하지 않는다.

이러한 인간 문화에서 단순히 날씨에 맞지 않을 옷을 입을 뿐만 아니라, 추리닝 바지에 정장 상의를 얹어 입고, 남자 옷과 여자 옷을 마구 섞어 입으며, 속옷과 겉옷까지 순서를 바꿔 입는 치매 환자의 이상 행위는 그가 위계적인 사회 구조의 하위 주체조차 될 수 없는, 완전히 '추방된 자'라는 사실을 너무나도 명백하게 시각적으로 드러내고 만다. 높고 낮음, 그 위계가 옷차림의 관습을 통해 하나의 안정된 '질서'로 견고하게 자리 잡은 인간 사회에서, 치매 환자의 '이상한' 옷차림은 그 질서를 어지럽게 망가뜨려 놓는다. 그래서 명칭을 붙이자면, 그의 옷 입기는 인간 사이의 위계를 나누고 정상과 비정상을 나누는 지배 질서가 얼마나 우리 사회에 견고하게 존재하는지를 폭로하고 훼방 놓는 '해체적 옷 입기'인 것이다.

불행하게도 사회 주류 질서를 훼방하는 해체적 존재들은 결코 환영받지 못한다. 물론 '문명화된' 사회는 그들의 이상한 옷차림을 대놓고 배척하지는 않는다. 다만, 사회의 '정상적' 구성원들은 소리 없는 '실소'失笑, 즉 '어처구니없어 저도 모르게 툭 터져 나오는 웃음'을 통해 치매 당사자를 은근히 주눅 들게 한다. 이러한 웃음의 사회적 메커니즘을 본능처럼 체화하고 있는 가족들은 환자가 다른 사람들에게

'웃음거리'가 되지 않도록 그의 옷차림을 강하게 통제하는 방어기제를 작동할 수밖에 없다. 단순히 덥거나 춥게 입어 건강을 해칠까 걱정하는 것이 아니라, '우스꽝스럽게' 입어 사람들의 놀림감이 되지 않을까 염려가 앞서는 것이다.

* * *

이러한 염려의 배경을 이해하는 데는 "웃음은 언제나 집단의 웃음인 것이다"라고[2] 말했던 철학자 앙리 루이 베르그송Henri-Louis Bergson의 분석이 일부 도움이 된다. 그는 1900년에 출판한 『웃음』Le Rire이라는 책에서 관객에게 '웃음거리'가 되는 희극 작품 속 주인공들의 특징을 분석하며, 희극 작품이 의도하는 관객의 웃음은 결과적으로 사회적 교정 기능에 매우 유용한 것이라 주장했다.

그에 의하면, 희극의 주인공들은 현실 속에서 교정이 필요한 문제적 사람들을 특정하게 재현한다. 먼저, 주인공들은 삶의 변화를 고집스럽게 거부하는 실제 사람들을 '자동 기계'처럼 경직되고 반복적인 모습으로 흉내 내며 재현한다. 사람이 기계일 수 없는데 기계처럼 움직이니, 관객은 물화된 주인공들을 보고 웃음을 터뜨리게 된다. 주인공들은 누군가에게 조종당하는 꼭두각시 인형처럼 재현되는 경우도 빈번하다. 인간이라면 자유롭게 행동하고 말하는 생명의 본질을 드러내야 하는데, 희극 속 인물은 꼭두각시 노릇이나 하고 있으니 관객의 웃음을 자아내지 않을 수 없다. 또한, 주인공들은 그들의 성격이 좋건 나쁘건 거의 항상 '비사회적인' 인물로 재현된다. 관객은 주인공들이 다른 등장인물들과 잘 섞이지 못하고 겉도는 모습을 볼 때 웃음을 터뜨린다.

베르그송의 책을 읽으며 나는 왜 아버지의 옷차림을 보고 내가 웃을 수밖에 없었는지, 동시에 왜 아버지가 다른 사람들에게 '웃음거리'가 되지는 않을까 염려하고 슬퍼했는지 이해할 수 있었다. 아버지의 '이상한' 옷차림은 계절의 변화를 거부하며 고집스럽게 익숙한 방식 그대로 옷 입기를 고수하는 데서 발생하는 것이었기에, 철학자가 분석한 희극의 주인공처럼 '자동 기계' 같아 보인다. 더 정확히 말해, '고장난' 자동 기계와 같다. 꼭두각시 인형도 마찬가지다. 아버지는 치매가 심해지면서 혼자 옷을 골라 입을 수 없으니, 엄마나 나의 코치를 받아야만 한다. 말이 좋아 코치지, 나쁘게 말하면 조종받는 꼭두각시와 다르지 않다. 아버지 역시 희극의 주인공들처럼 삶의 많은 영역에서 '비사회적'이 되어 어디서나 '겉도는 존재'가 되고 말았다.

그러나 이해에 도움이 되었다고 해서, 문제가 해결되는 것은 아니었다. 베르그송의 『웃음』을 처음 읽었을 때 치매 환자가 희극의 주인공과 같이 왜 '웃음거리'가 될 수밖에 없는지 이해할 수는 있었지만, 여러 번 곱씹을수록 그의 설명이 적어도 치매 환자와 가족에게는 어떠한 희망도 주지 않았다. 철학자는 희극을 보는 관객의 '웃음'이 희극이 재현하고 있는 현실 속의 문제적 사람들에게―비록 다른 사람들의 웃음거리가 되는 굴욕을 안긴다고 하더라도―결과적으로 문제를 교정할 기회를 준다고 보았다.[3] 즉, 다른 사람들의 웃음이 '웃음거리'가 되는 사람의 문제 행동을 교정하기에, 사회에 유익이 있다고 본 것이다. 한마디로, 사회의 관점에서 웃음의 효용성을 강조한 것이다. 하지만 나는 그러한 주장이 적어도 치매 환자의 우스꽝스러운 옷차림이나 행동 등을 이해하는 주된 관점이 되는 것은 위험하다고 생각한다.

치매는 환자로부터 자기 교정 능력을 궁극적으로 상실시키는 병이다. 그러니 아무리 사람들이 그의 이상한 옷차림을 보고 웃는다고 해도, 치매 환자는 사람들이 흔히 '정상적'이라고 생각하는 옷차림으로 스스로 다시 갈아입기 매우 어렵다. 사람들의 웃음에 본능적으로 주눅이 들겠지만, 무엇이 잘못되었는지 자각하지 못한다. 이러한 사실을 주지하지 못한 채, 혹여나 베르그송의 웃음 분석을 비판 없이 수용하다가는 치매 환자의 '해체적 옷 입기'가 우리 사회의 위계적 질서에 던지는 근원적 물음의 가치를 전혀 알아볼 수 없다. 이상한 옷차림에 대한 비웃음과 조롱을 당연하거나 어쩔 수 없는 것으로 여기는 치매 혐오 사회로 치닫는 것을 예방할 수도 없을 것이다.

웃음으로 문제적 사람들을 교정할 수 있다고 보았던 베르그송에게 우리는 뒤집어 물어야 한다. 만약 정말로 교정이란 게 가능하다면, 교정의 대상이 누구인가? 문제적 사람들인가? 아니면, 그들에게 문제가 있다고 인식하게 만드는 '정상 사회 시스템'인가?

* * *

그러나 이러한 질문에, 아마도 어떤 보수적 그리스도인들은 내가 치매 아버지에 대한 온정주의식 호소를 내세우는 것 같지만, 실제로는 '가족 정상성 해체'의 포스트모더니즘을 교묘하게 선동하는 '위험한' 페미니스트일 뿐이라고 비난할 것이다. 그들의 의심처럼, 나는 치매 환자를 문제적 존재로 고립시키고 사회의 모든 영역에서 배제하는 우리 사회의 주류 질서에 저항하기 위해, 정상성을 의심하고 해체하는 행위의 의미와 가치를 중요하게 여긴다. 그러나 오해하지 말아야 할 것이 있다. 그들이 우려하는 것과 달리, 정상성의 해체를 말한다고 해서 그것이 절대적 무질서 상태로의 혁명이나, 어떠한 체제나 권위도 부정하는 아나키즘의 상태를 만들겠다는 말은 아니다.

나는 신학자로서 하나님과 멀어진 인간 실존에서 발생하는 정상과 비정상의 구별은 안타깝게도 마지막 때까지 완전히 사라질 수 없으며, 그나마 새롭게 고쳐진 것도 어느새 정상성의 권력으로 군림하게 된다고 확신한다. 그러니 정상성을 해체하는 일은 기존의 사회 질서와 권력을 파괴하고, 새로운 질서와 권력을 세워 영원히 독재하겠다는 불순한 의도로 이해되어서는 안 된다. 정상성에 대한 비판과 해체로의 활동은 마지막 때까지 멈추지 말고 이루어져야 한다. 그 일을 통해 우리는 누군가를 문제적 존재로 판단하고 '비정상'이라고 낙인찍는 현재의 기준이 단지 특정 사회 구조의 역사적 산물이라는 사실을 인식하고, 기존의 기준에서 '비정상'으로 취급받던 사람들을 환대하는, 더 개방적이면서도 더 정의로운 이해의 판을 다시 놓아야 한다.

나는 지금 누구를 계몽하기 위해 글을 쓰고 있지 않

다. 글 쓰는 행위 자체가 치매 아버지와 조금이라도 더 함께 잘 살아 내기 위해 애쓰는 내 생존의 해석학이다. 이 글도 아버지의 우스꽝스러운 옷차림 앞에 마냥 웃을 수 없었던 내 슬픔의 기원을 이해하려는 노력이다. 내가 좋아하는 철학자 폴 리쾨르는 해석학이란 본질적으로 다른 이들의 생각과 글을 통해 내 생각을 우회하여 이전과는 다른 자기 이해에 도달하는 '자기 이해의 해석학'이라고 했다.

아마 내일도 나는 엄마 바지를 껴입은 아버지를 보며 웃음을 터뜨릴지 모르겠다. 그러나 이제 나는 더 이상 그 웃음이 아버지의 '문제' 때문이라고 생각하지 않으려고 노력할 것이다. 염려에 가득 찬 슬픔에 과하게 사로잡히다 못해, 성을 내는 것도 경계할 것이다. 아버지의 우스꽝스러운 옷차림이 오히려 내게 질문할 것이기 때문이다. 너는 그렇게 점잖게 빼입거나, 멋지게 빼입으면서 도대체 무엇을 으스대고, 누구를 판단하려고 하느냐고 말이다. 그러니 아버지는 오히려 내게 기회를 준 것인지 모르겠다. 어떤 이의 '비정상적인' 옷차림에 신경을 쓰거나 감히 함부로 대하지 않도록 말이다. "남을 판단하는 것으로 네가 너를 정죄함이니!"(로마서 2장 1절)

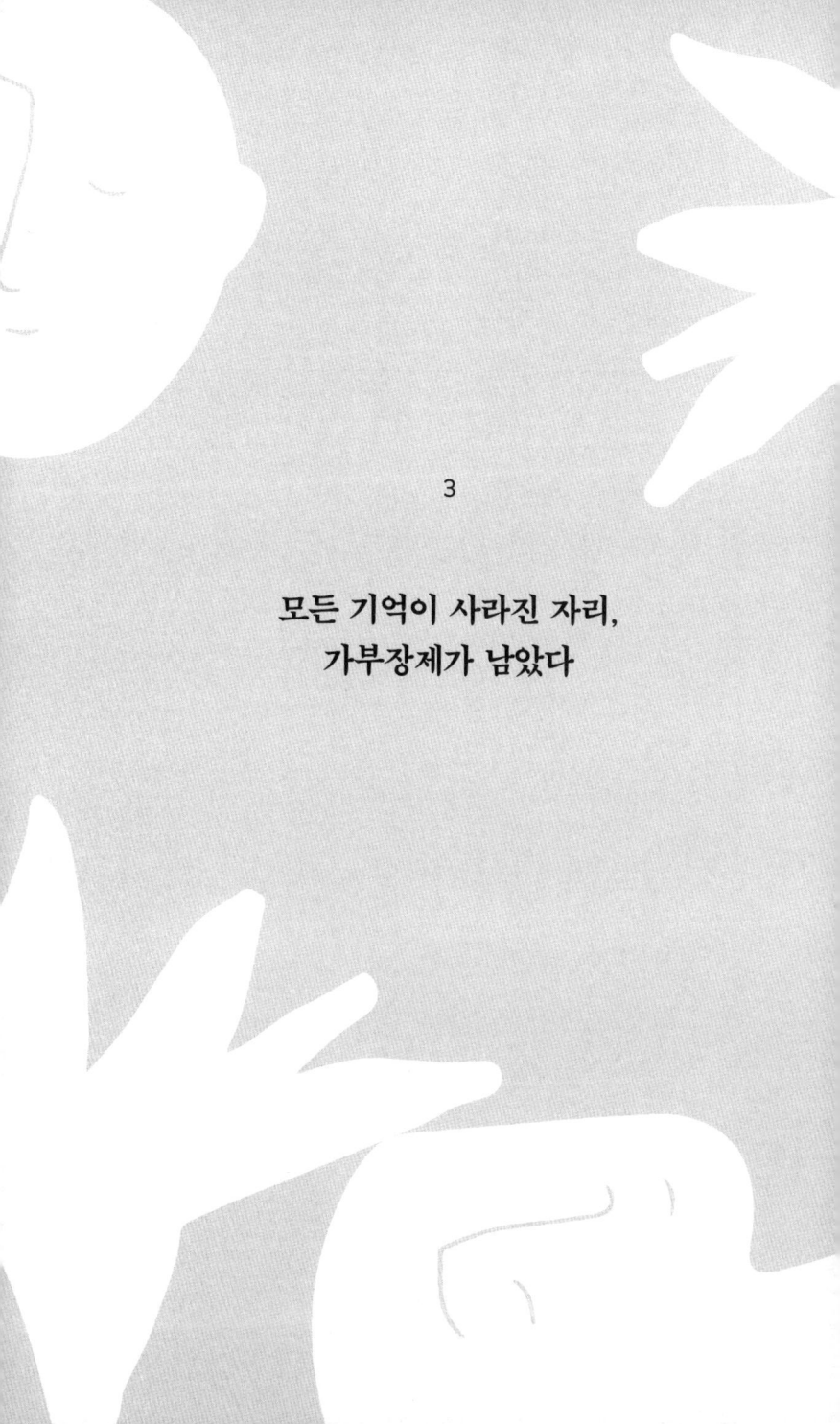

3

모든 기억이 사라진 자리,
가부장제가 남았다

추석날 아침 일찍 집에 온 남동생 가족과 바통 터치 하듯 아버지를 맡기고 시댁에 갔다. 그러나 저녁이 되기 전에 남동생에게 전화가 왔다. 동생은 아버지가 자기를 못 알아보고, 자꾸 집에 돌아가라 한다고 했다. 치매 환자가 가족을 못 알아보게 되는 것은, 모든 아이가 자라고 모든 인간이 죽는 것과 마찬가지로, 언젠가 결국 일어날 일이다. 그런데도 나는 이상하리만큼 단 한 번도 그런 날을 제대로 상상한 적이 없었다. 우리 아버지는 우리를 절대 잊을 수 없고, 잊어서도 안 된다고 감히 믿어 온 것이다.

서둘러 집에 돌아오면서도 마음이 진정되지 않았다. 다행히 아버지는 나를 보더니, 드디어 딸이 왔다며 화색이 돌아 내 손을 잡고 자기 방으로 이끌었다. 그러고는 작은 목소리로 내게 말했다.

"저 덩치 큰 형님이 누군지 모르겠는데. 자기 집에 가라고 해도 안 가."

놀란 가슴을 애써 가라앉히며 아버지에게 반복하여 아들의 존재를 설명했지만, 기어코 아버지는 그가 누구인지 명확하게 깨닫지 못했다. 내 설명을 듣는 순간만은 아들의 존재를 떠올리는 듯하다가도, 이내 "저 형님은 누구냐"를 반복했다. 그러한 아버지 앞에서 내 마음에는 원망 아닌 원망의 소리가 맴돌았다.

'아버지, 어떻게 아들을 잊어버릴 수 있어! 하나밖에 없는 아들을, 자기보다도 더 아꼈던 아들을 어떻게 잊어버릴 수 있어!'

망각의 병에 걸린 아버지가 제대로 존재를 기억하는 이는 이제 당신의 아내와 딸인 나밖에 남지 않았다. 그나마 이름까지 제대로 호명할 수 있는 이는 나밖에 없다. 아내는 이름이 아니라 '여보'로 평생 불러 왔기 때문이다. 그러나 우리에게 닥친 충격과 슬픔에는 비교할 수 없으리만큼, 아버지는 자신이 지금 알고 있는 세계를 끊임없이 부정하고 다시 수정해 주려는 사람들 앞에서 엄청난 혼란스러움과 두려움을 느끼는 것이 분명했다. 동생 가족을 배웅하고 돌아오던 엘리베이터 안에서 아버지는 거울에 비친 자신을 보며 "이 바보 같은 놈"이라 자책하고 있었다.

이번 일이 이토록 충격인 것은 아버지가 잊은 이가 당신의 아들이기 때문이다. 그러나 생각해 보면 이미 아버지에게서는 많은 사람이 계속해서 잊혀 갔다. 30년 동안 한 교회에서 목회하며 삶의 희로애락을 같이했던 성도들이 빠르게 잊혀 갔으며, 평생을 함께한 형제들과 누나, 그리고 그들의 가족들도 결국 잊혀 갔다.

* * *

의문이 드는 것은 아버지가 기억나지 않는 사람들을 대할 때는 어김없이 "형님"이라 부른다는 사실이었다. 처음에는 나이를 몰라보고 상대방을 무조건 "형님"이라 부른다고 생각하여 그저 웃음이 나올 뿐이었다. 그런데 점점 그 공통점을 발견할 수 있었다. 아버지가 형님이라고 부른 이들은 모두 남자였다. 아버지가 몰라보는 남자들을 "형님"이라

불렀지만, 여자들에게 "누님"이라고 부르지는 않았다. 그러니 이것은 단순히 성별을 구분하는 문제가 아니었다. 시간이 지나면서 나는 아버지가 자기보다 몸이 건장한 남자들에게 나이를 불문하고 "형님"이라고 부른다는 사실을 발견할 수 있었다.

그것을 깨달으니, 아버지는 집에 함께 사는 남자가 딸의 남편이라는 사실을 아직 잊지 않았음에도 불구하고 언젠가부터 그를 "이 서방"이나 그전부터 부르던 "이 목사"라고 부르지 않고 "형님"이라고 부르며 매우 조심히 대하고 있었다는 사실도 함께 떠올랐다.

"아버지, 왜 사위를 형님이라고 불러요. 저 사람 무서워?"
"아니, 안 무서워. 좋은 사람이야. 근데 덩치가 커…. 조금 무서울 때도 있지."

실제로 아버지는 기억력을 잃은 와중에도 가끔 본인이 키가 작다는, 평생의 콤플렉스를 반복적으로 말해 왔다. 왜 아버지는 여성보다 남성인 타자에게 더 민감하게 반응하고, 그들에게 "형님"이라는 존댓말로 조심히 부르며 예의를 다하는 것일까?

* * *

프랑스의 사회학자 피에르 부르디외Pierre Bourdieu는 성별 특성 혹은 '젠더'란 자연적으로 타고난 것이 아니라 역사적으로 형성되어 온 것이지만, 사람들이 그것을 자연적인 것처럼 여기도록 만들기 위해 아주 오랫동안 은밀히 작업해 온 역사가 사회에 존재해 왔음을 폭로하였다. 사실 이 폭로는 아주 새롭지는 않았다. 이미 많은 페미니스트 학자에게는 꽤 상식이나 다름없었던 본질주의˙에 대한 비판을 부르디외가 자기 연구 전반에 수용 및 적용한 것에 불과했다. 다만, 이미 세계적으로 유명한 남성 학자가 서구 사회의 전통적 지배 구조를 "남성 지배"라고 자인했다는 면에서 파급력이 적지 않았다.

그는 남성 지배 사회에서 여성이 침묵과 포기, 희생이라는 부정적 가치를 몸과 사고방식 모두에 익히면서 남성의 부수적 존재로서 사회화될 동안, 남성은 여러 특권을 사회 속에서 독점하게 되었음을 인정했다. 하지만 부르디외는 이러한 '남성 되기' 과정이 '여성 되기'의 상대적 반작용이

- 남성이나 여성은 각각의 성적 특성을 자연적으로 타고나는 본성을 갖는다는 사상.

라는 점을 강조하며, 여성성 féminité뿐만 아니라 남성성 virilité 역시 자연적 본성의 발현이 아니라 사회화의 결과라는 사실에 사람들의 시선을 끌고자 했다. 쉽게 말해, 여성들이 연약하고 비독립적인 존재로서 '여성다움'을 사회화하는 것은 남성들이 의도적이거나 의지적으로 여성을 억압하고 착취하기 때문이 아니라, 남성들이 자신을 강하고 독립적인 존재로서 '남성다움'을 사회화하는 것의 상대적 반작용이라는 점을 알리고 싶었던 것이다.

물론, 현대 페미니즘은 성의 사회화가 생물학적 성을 가리지 않고 인간이라면 누구에게나 일어난다는 점을 '젠더'라는 개념을 통해 이미 잘 설명하고 있었다. 약간의 진부함에도 내가 부르디외의 책 행간에 눈이 머문 것은 아버지가 건장한 남성을 "형님"이라고 부르는 지금 상황을 해석할 만한 논리를 찾을 수 있었기 때문이었다. 부르디외는 "남성다움이란 남성이 현재적이거나 잠재적인 난폭함 violence 안에 있는 자기 모습을 다른 남성들로부터 인정받게 되거나, '진짜 남성들'의 그룹에 속해 있다고 인정받을 때에 증명"될 수 있는 것이라고 했다.[1] 쉽게 말해, 남성은 남성들 간의 현실적이거나 잠재적으로 발생하는 물리적 힘의 경쟁 속에서 서로 위계를 나누고 자신의 남성다움을 확인한다는 것이다.

    부르디외의 말이 맞다면, 우리 아버지가 덩치가 큰 남성들을 "형님"이라고 부르는 것은 자신보다 육체적으로 강한 남성 앞에 자기의 약한 위치를 스스로 인정하면서도, 동시에 현재는 물론이고 잠재적으로라도 '나는 당신과 싸우고 싶은 의지가 없다'라고 알리는 퇴역 장교의 사전 고지와 같아 보였다. 더 나아가, 약간의 굴욕을 수용해서라도 '형님과 아우' 그룹, 즉 '진짜 남성들'의 그룹에 여전히 속해 있음을 확인하려는 최후의 의지가 빚어낸 결과일 수도 있다.

* * *

전문가들에 의하면, 주의력이나 조절 능력이 먼저 손상되는 혈관성 치매와 달리, 우리 아버지가 앓고 있는 알츠하이머는 현재 자신의 상황을 인식하고 판단하는 지남력과 기억력, 이름 대기 능력 등이 먼저 심하게 손상되기 시작한다.[2] 아버지의 경우 신체 조작 능력이나 운동 신경은 여전히 건강한 사람에 뒤지지 않는 편이지만, 하루에 여러 차례 집 밖을 배회하고 옷도 뒤집어 입더니 결국 아들까지 잊어버림으로써 인지적 능력의 심각한 결손을 보였다. 중증도 치매에 이미 들어선 것이다.

이러한 상황에서 나는 질문을 던지지 않을 수 없다. 자신의 '남성다움'을 가장 분명하게 확인할 부자 관계에 대한 기억마저 손상을 입은 상황에서, 남성 지배의 가부장제가 만들어 낸 '남성다움의 아비투스•'가 어떻게 아버지에게서 사라지지 않고 계속해서 남아 있을 수 있는가? 이러한 질문을 따라가 보니, 나는 아버지의 이상 행동이 단지 자기보다 덩치가 큰 남성을 "형님"이라고 부르는 것에 머물지 않는다는 생각에 다다랐다.

부르디외는 서구 사회에서 발생한 남성과 여성의 차별적 성 역할이 마치 자연적 본성인 것처럼 둔갑하여 몸과 정신에 은밀히 새겨지는 곳이 바로 가정과 학교, 그리고 교회라고 지목했다. 아버지는 가족을 평생 부양하는 자로, 한때는 고등학교 교목으로, 그리고 40년에 가까운 시절을 목사로 살아왔다. 부르디외의 시선으로 보자면, 아버지는 그야말로 사람들을 남성과 여성으로 나누어 사회화하는 일을 전문적으로 하며 평생을 산 것이다.

그러나 아무리 내가 나를 가부장제와 가부장의 지위를

•   habitus, 행동과 사고, 취향의 무의식적 성향.

비판적으로 바라보는 페미니스트로 정체화한다고 해서, 아버지의 삶을 무작정 부인할 수는 없다. 그는 가부장제를 재생산하는 전문인으로서 평생을 살아오는 동안 단순히 자신의 지위만을 독점적으로 누리지 않고 자신에게 주어진 '책임'의 무게를 아주 성실하게 짊어지고 왔다. 그는 가부장과 선생, 목사로서의 자신의 위계적 특권을 지켜내면서도 가족과 학생, 교인의 안위를 지키는 데에 적지 않게 이바지한, 소위 '착한' 가부장의 표본이었다. 그러니 두말할 것도 없다. 비록 체구는 160센티미터가 되지 않을 만큼 작지만, 아버지는 그 누구보다도 가부장 남성으로서 우뚝 선 사람이었다.

가부장 남성으로서 성공한 사람은 아무에게나 막무가내로 힘을 과시하지 않는다. 그는 권력과 명예를 이미 차지하고 있으므로, 가족과 학생, 교인에게 너그러운 관용으로 자기 인격의 성숙함을 보여 주는 데 보람을 느끼며, 이미 차지한 특권의 소득을 자신이 책임지고 있는 부양가족을 돌보는 데 쓰는 일에서 존재의 의미를 찾는다.

* * *

그러고 보니 아버지는 인지와 판단 능력이 상당히 손상되

없음에도 자신은 여전히 가정을 부양해야 할 주체라는 자아상을 여전히 강하게 붙들고 있었다. 그러한 의지는 '돈'과 관련하여 현실적으로 나타났다. 아버지의 무기력증과 우울감은 단순히 치매라는 질병의 병리적 특성으로만 설명되는 것이 아니라, 그가 심리적으로 느끼는 자신의 경제적 무능력과 강력하게 연동하는 것처럼 보였다. 목회자 연금을 받고 있다는 사실을 전혀 기억하지 못하기에, 엄마에게 돈을 벌어 주지 못하는 '못난 자신'을 너무 많이 미안해했다.

그러던 중에 아버지가 작년부터 치매 환자를 위한 케어센터를 다니게 되자, 엄마는 센터 출석의 작은 동기라도 북돋기 위해 집에 돌아오는 아버지에게 작은 봉투를 일당처럼 챙겨 주었다. 처음에는 아내에게 돈을 받는 것이 익숙하지 않아 손사래 치며 거절했지만, 엄마가 "이 돈은 오늘도 일 잘하고 오셨다고 나라에서 주는 것"이라고 '착한 거짓말'을 했더니 아버지는 봉투를 받아 들고 정말로 너무 기뻐했다. 그러고는 꽤 오랫동안 센터에서 집으로 돌아올 때마다 엄마에게 오늘은 봉투를 주지 않느냐고 물으며 자신의 당당한 '몫'을 즐겁게 받았다.

그러나 아버지는 그 돈을 자신을 위해 쓸 줄 모르는 사람이었다. 그 흔한 취미도, 여가도 갖지 못한 아버지의 재미없는 삶은 그가 직업인으로서 벌어 오는 소득 전부를 가족 부양에 기꺼이 바쳐 온 결과였다. 그런 아버지에게, 노년에 다시 받아 들게 된 돈봉투의 주인은 결국 본인이 아니었다. 아버지는 봉투에서 돈을 꺼내 지갑에 잘 보관하다가, 엄마가 기분이 안 좋은 듯하거나, 자신이 무언가를 잘못한 듯했을 때, 엄마에게 그 돈을 건넸다. 기분이 좋으면 가끔 나나 손녀딸에게도 인심을 쓰며 뿌듯해했다. 아버지는 가족을 부양하기 위해 돈을 벌어야 하는 존재로 평생을 살아온 것이다. 부르디외의 말로, '남성 지배' 사회에서 남성 가부장은 그렇게 자신의 '남성다움'의 "죄수가 되고, 은밀한 희생자가 되며, 지배의 상징"이 되는 것이다.[3]

문제는 그의 지남력이 더욱 힘을 잃게 되면서, 아버지의 몸과 정신에 새겨진 가부장제는 가족에 대한 사랑과 책임만으로는 더 이상 '착하게' 순화되기 어려울 지경에 이르렀다는 것이다. 남동생과 나, 이렇게 남매만을 두고 있던 아버지는 단 한 번도 내게 여자니까 공부는 여기까지 하라거나, 여자니까 사회생활을 제한하라고 말한 적이 없었다. 그 덕분이었는지 나는 대학원에 진학할 때도, 프랑스로 유학 갈 때도 아버지의 전폭적인 지지를 받았다. 심지어 형편이 넉넉지 않은 신학 전공의 유학생과 결혼한다고 했을 때, 아버지는 사윗감을 앞에 두고 둘이 공부하다가 경제적으로 힘들면 어떻게 할 것이냐 묻고는, "저는 공부를 못 하더라도, 혜령이는 제가 끝까지 밀어주겠습니다"라고 지키지 못할 약속을 던지고 보는 사윗감에게 누구 하나 포기하지 말고 꼭 둘이 학위를 하고 돌아와야 한다고 여러 번 다짐을 받았다. 이러한 아버지 밑에서 자란 덕분에 나는 정말로 단 한 번도 '여성'이라는 나의 성별이 집안과 밖에서 행하는 나의 행동을 제약하는 이유가 되어야 한다고 크게 생각해 본 적 없이 자란 것 같다.

그런데 아버지의 발병 뒤 두 가족이 함께 모여 살게 된 이후부터 나는 너무 곤란해지기 시작했다. 남편과 나, 아이 셋이 살 때 남편은 나와 요리도, 청소도 많이 나눠서 했다. 역할을 산술적으로 2분의 1로 나누지는 않았지만, 우리 둘은 형편이 되는 사람이 그날의 가사 노동을 한다는 점에는 어렵지 않게 합의가 된 X세대였기 때문이다. 합가 이후, 남편은 이전과 같이 틈틈이 부엌에서 요리했다. 그런데 아버지는 그때마다 남편이 요리하는 모습을 안절부절 바라보며, 내게 다가와 "왜 네가 하지 않고 남자를 시키냐?"고 따지거나 화내기 일쑤였다. 심지어 그가 해 주는 음식을 먹을 때면 마음 편하게 식사하지 못한 채, 자신이 요리를 못하는 이유를 이렇게 저렇게 변명했다.

분명히 내가 기억하는 아버지는 여성도 평등하게 사회생활을 할 수 있으며, 남성도 가사 노동에 참여해야 한다는 것을 잘 알고 지지해 온 분이었다. 그랬던 그가 이제는 아주 고리타분한 꼰대처럼 여자와 남자의 일을 다시 철저하게 나누고, 아들이 아니라 사위의 집에 함께 사는 자기 자신을 초라하기 짝이 없는 '얹혀사는 존재'로 여기며 주눅이 들기 시작한 것이다.

도대체 무엇이 잘못되었는가? 아버지가 성평등 사고를 원래부터 가지고 있지는 않았다. 1990년대 이후 사회가 변하고, 사랑하는 딸이 성인으로 성장하는 배경 속에서 아버지도 다만 성평등 사고를 새롭게 학습했다. 그가 정신적으로, 문화적으로 깨어 있을 때 새롭게 학습한 성평등 사고 체계는 제법 잘 작용하며 그의 생각과 삶의 태도를 꽤 진일보하도록 했던 것이 분명했다. 그러나 망각의 질병은 의지로 학습했던 것들을 모래성처럼 금세 허물었다. 이 원망스러운 질병은 아버지로부터 딸에 대한 애정과 그의 사회적 지위가 의무 지워 준 관용의 책임마저 빠르게 앗아가고 있다.

그렇게 되자, 일제 강점기에 태어나 한국 전쟁에서 겨우 살아남았고, 독재 정권과 산업화의 체계 속에 성인기 대부분을 보낸 '한국 남자'의 그렇고 그런 가부장제가, 철거되기 직전의 낡은 건물의 철근처럼 다 녹슨 상태로 고스란히 드러났다. 안타깝게도 아버지는 점점 더 아내를 '자기 소유물'처럼 대하며 자신의 욕구에 어떠한 이의제기 없이 그대로 응하기를 요구한다. 사모로서 목회를 내조하는 아내에게 고마움과 미안함을 표현하는 데에 단 한 번도 머뭇거리지 않았던 자상했던 아버지는 이제 "당신은 내 아내야. 내 말을 들어야지, 내 말을!"이라고 거칠게 말하거나, 엄마의 모든 것을 통제하면서도 전적으로 의존하기를 점점 더 원하고 있다. 그러한 아버지를 멈추기 위해 나는 열심히 엄마와 아빠 사이에 개입하고 중재하지만, 아무리 노력해도 엄마의 몸과 마음이 점점 더 지쳐 가며 곯아 가는 중임을 부인할 수 없다.

만약 치매가 고약한 병이라면, 나는 바로 이 이유 때문이라고 생각한다. 아무리 문화의 계몽을 통해 정신과 삶의 습관이 고양된 인간이라고 해도, 치매는 가장 새롭게 배운 것부터 사라지게 하고 결국 무의식을 장악하고 있는 원초적인 것을 부끄러움 없이 드러내고 만다. 우리 아버지에게, 우리 아버지 세대에게 그것은 바로 남성의 지배이며, 남성의 난폭함인 것 같다는 생각을 지울 수가 없다.

* * *

그런데 여기서 나는 혹시나 치매 환자의 원초적 무의식을 장악한 남성 지배의 가부장제가 '창조주 하나님이 남성이 여성을 지배하는 존재로 본성상nature 창조하셨다'라는 궤변의 증거로 사용되지는 않을까 하는 노파심이 들었다. 아직도 한국의 가장 큰 교단에서는 여성 안수를 불용하는 근거로 남성과 여성이 "존재론적으로는 평등하지만, 기능적으로는 (여성이 남성에게) 종속적이다"라는 칼뱅의 창세기 주석을 든다. 칼뱅은 매우 억울할 것이다. 초대 교부 시대로부터 중세 1천 년에 이르기까지 거의 모든 신학자가 오직 남성만을 하나님의 형상을 지닌 유일한 피조물로 여기며, 여성은 남성에 종속되어 출산과 양육을 전담하는 것에 만족해야 하는 열등한 존재로 설명해 왔다. 하지만 칼뱅은 시대적으로 그보다 더 강한 것을 찾기 어려울 정도로 매우 강력한 여성 해방의 메시지를 주장했다. 비록 기능상의 차이는 있을지라도, 어쨌거나 여성도 남성과 똑같이 하나님의 형상으로 창조된 존귀한 존재라는 사실을 확인했기 때문이다.

시대적 배경에 비추어 보면 매우 놀라운 칼뱅의 해방적 선언이 어쩌다 500여 년이 지난 오늘날 '여성이 목사가 될 수 없는 근거'로 변질했을까? 여기에는 '나름의' 논리적 전제가 존재한다. 여성과 남성을 생식기의 기능에 따라 구분하는 '여성다움'과 '남성다움'이 하나님이 창조하신 인간의 자연적 '본성'nature 그 자체라고 믿는 전제 말이다.

그러나 이러한 관점은 성서를 임의로 선택·편집하여 해석하는 것일 뿐이다. 하나님은 에덴동산에서 창조하신 최초의 인간 본성에 생육의 기능을 주셨다(창세기 1장 28절). 그러나 창세기 1-2장의 하나님은 아담과 하와가 생육하는 데 본성상 서로 다른 기능을 어떻게 나눠 맡았는지 아무것도 말해 주시지 않을 뿐만 아니라, 지배와 복종을 뜻하는 위계는 지시조차 하시지 않았다. 하나님이 남녀의 차별적 기능(여성은 자식을 낳고, 남편은 아내를 지배하는 기능)을 구체적으로 언급하시는 것은 창세기 3장 16절 이후, 즉 두 사람이 죄를 범하여 에덴동산에서 쫓겨나게 될 때의 일이다. 그렇다면, 그들이 '자연적으로 타고났다'라고 주장하는 생식기에 의한 여성다움/남성다움의 구별된 '본성'은 하나님이 최초로 창조하셨던 인간 본성의 상태가 아니라, 하나님과 멀어진 인간의 '타락한 본성'이자, '망가진 자연'일 뿐이다.

나는 아버지에게 조금씩 드러나고 있는 난폭함과 지배의 본성이 아담과 하와 이후 너무나 오랫동안 인간이 사회 속에서 왜곡하며 변조해 온 '망가진 자연'의 잔해라고 생각한다. 우리가 참된 그리스도인이라면, 이 망가진 자연에 기대어 사람과 사람 사이의 차별을 정당화할 수 없다. 자기 스스로 최후의 화목 제물이 되신 예수 그리스도는 창조받은 최초의 본성이 타락한 인간과 창조주 하나님 사이의 막힌 담을 허시며 인간을 죄에서 해방하셨다. 그러니 예수 그리스도를 믿고 따르는 사람이라면 망가진 자연이 만들어 낸 낡은 성차별의 아비투스를 부여잡고 살 수는 없다. 예수 그리스도로 인해 회복된 본성으로 새로운 삶을 살아야 한다.

오해하지 말았으면 한다. 원초적 상태에 다가서고 있는 아버지는 예수 그리스도가 주신 새로운 삶의 가능성을 스스로 포기한 것이 아니다. 그는 인간 사회의 가장 오래된 차별 구조가 어떻게 그 속에 있는 사람들의 의식뿐만 아니라 무의식까지 아주 단단히 옭아매고 있는지를 증거하는 존재가 되었다. 그러나 더 중요한 것은 그가 간절하게 하나님 편에서 오는 전적 구원을 기다리는 인간 존재를 대표한다는 사실이다. 할 것이라곤 오로지 구원의 은혜를 기다리는 것밖에 할 수 없는 존재가 우리 아버지가 아니어야 하는 법은 없다. 그러니 나는 내가 할 수 있는 최선을 다해 아버지의 곁에 머물고 싶다. 아버지가 전적 은혜를 기다리는 동안 혼자 외롭거나 두렵지 않도록 함께 인내하며 기다리고 싶다. 그렇게 나는 아버지의 존엄을, 그리고 나의 존엄을 담담히 지켜 나갈 수 있기를 아버지가 믿고 내가 믿는 하나님에게 기도한다.

4

**가장 미안한 사람들,
그러나 미안함의 이유를
다시 물어야 한다**

아버지가 치매 진단을 받고 두 달쯤 되었을 때 나는 서둘러 합가해야 한다고 선언했다. 치매 증상 중 하나인 의처증과 난폭성이 간헐적으로 나타나고 있기는 했지만, 혹시나 발생할지 모르는 단 한 번의 사고로도 두 분이 큰 위험에 빠질 수 있다고 판단했기 때문이다. 그러나 부모님은 완강히 반대했다. 은퇴 이후 새로 이사 간 도시에 두 분만의 독립된 공간을 정성스럽게 가꾸며 적응해 왔기 때문에, 다시 자녀와, 그것도 아들이 아니라 딸의 가족과 함께 살자는 제안을 받았다는 사실만으로도 마치 자신들의 삶이 실패했다는 뜻으로 받아들였다. 자녀에게 기대지 않는 독립적이고 자족적인 삶, 그것이 산업화 1세대 중산층 부모가 꿈꾸는 이상적 노후의 삶이었다. 하지만 나는 결국 설득에 성공했고, 부모님의 집을 정리해 우리가 사는 동네에 방 하나 더 있는 집을 구해 합가했다.

이상하게 들릴 수도 있겠지만, 나는 내가 '페미니스트'이기 때문에 합가를 주체적으로 선택했다고 확신했다. 아니 최근까지 그렇게 믿어 왔다. 적어도 내가 생각하는 '페미니스트'란 — 오늘날 많은 사람이 단정하는 '이기적 여성'의 이미지와 달리 — 자신에게 주어진 삶의 책임을 여성이라는 이유로 포기하거나 도외시하지 않는 주체적 인간상을 의미했다. 아마도 창세기에서 에서의 장자권을 차지한 욕심 많은 야곱이 타지에서 긴긴 노동의 세월로 장자권 찬탈에 책임을 져야 했던 것처럼, 나는 남성과 동등한 여성의 권리를 쟁취하기 위해 요즘 아들들도 잘 가려 하지 않는 합가의 길, 즉 '의무 지어진 것 이상으로 책임지는' 길을 스스로 선택한 것이리라.

물론, 개인의 이러한 결단이 정말로 실행될 수 있었던 것은 페미니스트에게 나쁘지 않은 배우자를 선택한 덕분이었다고 할 수 있다. 남편은 아내 부모의 노년을 보살펴야 하는 우선적 책임이 처남이 아니라 자기 아내에게, 그래서 결국 자신에게까지 넘어온다고 스스로 생각해 낼 만큼 '여성 해방적인' 인물은 아니었다. 굳이 구분하자면 그는

1960년대 후반에 태어난 대다수 남자처럼 이왕이면 이제껏 살던 방식으로 살 수 있기를 바라는 축에 속해 있었다. 그러나 동시에 아내가 페미니스트인 남편으로서의 중요한 미덕을 갖추고 있기도 했다. 그는 자기 아내가 사회생활을 멈추지 않기를 원했으며 아내가 사회생활에서 자신보다 더 주목받을 때도 질투 없이 함께 기뻐할 수 있는 사람이었다. '집사람의 내조' 부재를 '부부의 상호 부조'로 채울 수도 있는 사람이었다. 심지어 그는 "페미니스트 아내와 사는 것이 얼마나 고달픈가?"라고 물어 오는 남성 동료들을 '그것이 얼마나 편안한지 모르는 자들'이라고 생각할 만큼 새로운 삶의 양식을 자신의 유익으로 누리기까지 했다.

하지만, 그런 그도 아내의 부모와 합가하는 일을 '자연스럽게' 받아들일 수 있었던 것은 아니다. 현대 사회의 핵가족에 적합한 '평등 부부의 이상적 모델'에는 '배우자의 나이 든 부모를 돌보기 위해서 동거해야 한다'라는 의무 조항이 없기 때문이었다. 핵가족 사회에서 '부부 평등'이란 사실상 계급 유지나 상승을 목표로 자녀 양육에 온 힘을 다하는 공동의 헌신 의무와 노년의 삶을 위해 경제 활동과 돌봄을 함께 수행하는 의무 안에 머문다. 즉, 부부의 평등을 실현하는 일에는 핵가족 밖에 있는 배우자 부모까지 전적으로 책임지는 의무가 포함되지 않았다. 이러한 상황에서 아내의 부모뿐만 아니라, 남편 부모의 경우마저 배우자에게 '합가'를 요구하기가 정말 쉽지 않은 사회가 되었다. 그것은 핵가족 모델의 도덕적 이상이 전제하는 '상호 평등한 책임'이 아닌 배우자 한쪽의 더 큰 '헌신'이나 '희생'을 요구하는 것이기 때문에 부부 사이의 평등성을 훼손하는 '부당한 요구'가 될 수 있다.

* * *

이러한 관점에서 가끔 나는 우리의 합가에 있어 '남편의 공로'를 바라보는 사람들의 이중 시선을 느낀다. 첫 번째 시선은 사람들이 그가 '사위'로서 보여 준 헌신을 '며느리'의 헌신에 비해 매우 높게 평가한다는 것이다. 사위의 동거를 상대적으로 더 높게 평가한다는 것은 실제로 사위가 며느리보다 더 많은 일을 해내기 때문이 아니다. 사위는 아내의 부모와 동거하는 것만으로도 '헌신'한다고 칭찬받지만, 며느리에게는 단순한 동거 이외의 다양한 서비스(부양과 돌봄)가 당연한 '의무'처럼 여겨져 왔다.

하지만 사위의 동거가 며느리의 동거보다 칭찬받는 것은, 단순히 가부장적 가족 제도에서 배우자 부모에 대한 의무가 '남성'보다는 '여성'에게 더 부과되어 있기 때문만은 아니다. 같은 여성이라고 해도, 딸로서의 여성은 며느리로서의 여성에 비해 가사에 대한 책임이 훨씬 줄어드는 경우가 허다하다. 예민한 독자는 눈치챘을지 모르지만, 나는 우리가 부모님과 '합가한 것'이지, 우리가 부모님을 '모시게 되었다'라고 표현하지 않기 위해 주의하고 있다. 엄마의 천성이 부지런한 탓도 있지만, 합가 이후 나는 이전보다 가사 노동을 훨씬 적게 하게 됐다. 아무래도 엄마가 집에 주로 있다 보니 빨래며 요리며 집안의 여러 일을 도맡게 된 것이다. 마치 어린 사춘기 딸처럼 나는 엄마의 재생산 노동을 대가 없이 거저 누리는 상태로 퇴행했다. 당연히 나의 가사 노동을 나눠서 하던 남편의 노동량도 덩달아 줄었고, 우리 모두 엄마의 헌신에 기대어 사는 존재가 되었다. 물론 줄어든 가사 노동의 자리 대신에 '아버지'라는 존재가 가져온 집안 노동들이 우리에게 적지 않게 새로이 발생한 것을 부인할 수는 없지만, 분명한 것은 나나 남편 모두 전통적 의미에서 며느리가 시부모를 모시듯 우리 부모를 모시지 않는다는 사실이다.

전통적인 유교 사회의 부계 혈통 중심 가족은 혈통에 따른 친족 범위 안에서, 남녀유별과 장유유서에 따른 서열

관념을 실질적인 가족 위계질서로 실행하며 가문을 이어 나간다. 이러한 가족 안에서 '며느리'라는 존재는 자녀(특히 아들)를 낳기 전까지 가족 그 누구와도 혈통을 공유하지 않은 유일한 이방인이자, 여성이며, 며느리(아들의 아내)라는 삼중의 교차 속에서 가족 내부의 가장 낮은 자리에 처하게 되었다. 그러나 사위는 비록 그가 이방인이자 딸의 남편으로서 전통적 위계질서 하위에 놓일 수 있는 두 조건을 충족했지만, 여전히 '남성'이라는 이유만으로 가족 간 지위를 교란하는 존재가 될 수 있었다. 남성 부계 중심의 사회에서 여성 며느리는 '낯설어서 함부로 대해도 되는 이방인'이라면, 남성 사위는 '낯설어서 어려운 이방인'이 되었다. 여성 며느리가 '공로 없이 남편(시부모의 아들)의 부양을 받고 가문 재산을 상속받는 얄미운 존재'로 여겨졌다면, 남성 사위는 '딸의 안전과 부양을 평생 책임지는 고마운 존재'로 대접받아 왔다. 아마 그러한 잔재 때문일 것이다. 이상적 핵가족 모델에 따르면 논리상 며느리나 사위의 합가가 다르게 평가되어서는 안 되지만, 나는 남편이 '합가'라는 결정을 '내려 준' 사실만으로도 "그에게 감사하게 여기라"고 말하는 이들을 적지 않게 만난다.

그러나 사위의 헌신에 대한 과도한 평가만이 아니라,

반대로 그것을 깎아내리는 듯한 반응도 가끔 접한다. 그러한 반응은 '데릴사위제'라는 낡은 틀 안에서 남편의 합가 선택을 의심한다. 데릴사위제란 딸만 있는 집안에서 노동력을 얻을 방편으로 일부러 가난한 집안 출신 남자를 사위로 삼는 풍습이다. 그러나 데릴사위제의 공식 명칭인 '솔서혼'*이라는 전통 혼인 습속은 유교적 가족 이념에 따라 주자가례의 친영 제도**가 조선 후기 본격적으로 정착하기 이전까지 한반도에서 오랫동안 시행된 그리 특별하지 않은 동거 방식이었다. 하지만 조선 후기에 이르러 사대부들은 '부계-장자 중심의 가족' 형태를 매우 공고하게 만들어 내는 데 성공했다. 그들은 성리학 이념에 따라 부계 가족의 친족 질서를 공고히 할 때만이, 지역 사회 나아가 국가까지 유교적 질서로 통일되는 안전한 체제가 될 것이라고 믿었기 때문이다. 하지만 그들의 강한 신념은 아이러니하게도 일제의 침략 앞에 그들이 그토록 사수하고 싶어 했던 '군주 국가'를 지키는 데 무력하기만 했다.

'경제적 이득을 목적으로 처가에 얹혀사는 못난 인물'

---

* 혼례 후 신랑이 처가에 일정 기간 혹은 영구히 머무는 제도.
** 신랑이 처가에서 신부를 맞아 와 자기 집에서 행하는 혼례 의식.

로서 '데릴사위'를 얕잡아 보는 관점에는 성차별뿐만 아니라 경제적 차별이 함께 교차한다. 여기에는 사람과 사람의 모든 관계를 '물화'物化하여 바라보는 관점이 근원적으로 작동하고 있다. 사람 사이의 관계를 '물화'된 것으로만 인지하는 사람은 타인을 보살피며 돌보는 행위에 담긴, 상대방을 '위하는' 마음을 전혀 읽어 내지 못한 채, 그 마음을 경제적 탐욕으로 헐뜯으며 그 행위를 경제적 가치로 계산해 내는 데 열중한다. 그러나 물화로 세상 보기는 타인을 바라보는 데서 멈추지 않는다. 그러한 사람은 부모가 자기를 키워 낸 행위도 투자로 기억할 뿐만 아니라, 배우자의 헌신도 교환 가치로 평가하고, 자녀 양육도 경제적 손익계산으로 따질 것이기 때문이다.

* * *

사위로서 남편이 보여 준 '합가'의 헌신에 대한 두 시선 앞에서 나는 정작 그를 어떻게 바라보고 있는가? 결국 내 의견을 존중해 합가에 최종적으로 동의했을 때, 남편은 내게 "위험에 처한 사람은 우선 살리고 보는 게 맞지"라고 했다. 그가 전통적 가족 이념에서 완벽히 해방된 존재는 아니었지만, 중요한 것은 이념이 아니라 삶이기 때문에 이념이 부여한 사회적 역할에 얽매일 수는 없다는 말이었다. 그래서 그에게 아내 부모와의 합가는 그가 '여성을 해방하는' 페미니즘의 이념에 추동된 것이 아니라, 그가 사랑하는 사람을 애틋하게 여겨서 그 가족까지 애틋하게 여기는 '사랑'의 확장에서 비롯된 것이었다. 그렇지 않고는, 무릎 수술 후 통증이 사라지지 않는다고 속상해하는 장모에게 다가가 맨다리를 부드럽게 두 손으로 훑어 내리며 "어머니, 여기 아파? 여기? 아이고, 많이 부었네" 하며 친근하게 말하는 그의 행동을 제대로 이해할 수 없다. 또한 끊임없이 반복하는 질문과 부정적인 말들, 예상치 않은 폭력적 행위들로 우리의 일상을 혼란스럽게 하는 장인에게 늘 일관된 말과 행동으로 대응하려고 애쓰는 그를 이해할 방법이 없다.

나는 그의 행동을 보며 처음에는 아주 미안했다. 그러나 그의 행동에 내가 미안해하는 것은 적절하지 않다는 사실을 점차 깨달았다. 미안함은 내가 저지른 잘못에 대해 품는 마음이다. 그러나 아버지의 질병은 내가 저지른 잘못이 아니다. 인간은 고통의 원인을 모두 해명할 수 없기에, 누구도 아버지의 질병을 내 탓이라 몰아붙일 수 없다. 그러니 나를 뻔뻔하다고 해도 하는 수 없다. 내가 남편에게 품는 마음은 미안한 마음이어서는 안 되었다. 그가 '사랑의 자유'로 내 가족이 되어 나와 함께 내 책임을 나누겠다고 '선택한' 일에 내가 돌려주어야 하는 것은 그의 선택에 대한 고마운 마음이며, 나아가 나 역시 그가 삶에서 지는 책임을 함께 나누어 지는 가족이 되는 것이다.

우리가 '가족 되기'를 선택한 것은 사회 구조적으로는 이성애적 가족과 사회 계급을 재생산하는 수행 정도로 분석할 수 있다. 그러나 적어도 우리 부부에게 이 선택은 그와 내가 어떠한 일이 닥치더라도 함께 사랑하고 보살피며 살겠다고 하나님과 서로에게 한 약속을 의미한다. 물론 인간은 견디기 힘든 어려움이 닥칠 때 사랑으로부터 너무 쉽게 도망가는 나약하고 간사한 존재이기도 하다. 그러나 최소한 우리가 가족 되기를 진지하게 선택하며 삶의 거친 파고를 함께 넘어가겠다고 약속했다면, "사랑하려는 '의지'를 갖고서 사랑을 '선택'하는 사람만이 사랑을 할 수 있다"라는 말을 잊지 말아야 한다.[1]

갑자기 과도한 사랑 타령으로 흐르는 것 같아 이 글을 읽는 이는 닭살이 돋거나, 화가 날지 모르겠다. 나도 잘 알고 있다. 배우자 운(?)이 좋은 개인적 경험에 기대어 친밀한 관계에서 발생하는 다양한 문제에 '사랑'만이 답이라고 일반화하는 것은 페미니스트의 정체성을 가진 자에게 적절하지 않다. 페미니즘은 인간 사회의 성차별 문화와 구조를 분석하고 이를 해소할 수 있는 '사회적 대안들'을 탐구한다. 당연히 그 과정에서 '가족'의 제도적 측면에 대한 비판적 분석을 피할 길이 없다. 그런데 이 과정에 '사랑'이라는 친밀한 관계의 힘을 너무 성급하게 불러오면 분석의 날카로움은 쉽게 무뎌지고, 대안 찾기는 지연되거나 아예 잊힌다. '사랑'만큼 상대방을 위한 헌신의 진정한 동기가 되는 것도 없지만, '사랑'만큼 가부장적 가족 질서에 옭아매는 이데올로기의 위장술이 되기 쉬운 것도 없지 않은가.

사랑을 신뢰하기와 사랑을 의심하기. 한쪽으로 쏠려서는 안 되는 애매한 중간 위치에서 나는 남편의 '사위 되기'만큼, 나의 '며느리 되기'를 객관적으로 돌아보고 싶어졌다. 우리 부부도 아버지에게 치매가 발병하기 전까지는 평등한 관계를 추구하는 부부들이 요즘 많이 선택하는 '셀프 효도', 즉 '자기 부모에게는 자신이 직접 효도하기' 원칙을 우선으로 적용하려고 노력하며 관계의 평화와 심리적 안정을 일정 부분 누려 왔었다.

그러나 셀프 효도는 중산층 이상의 계층에서 주로 가능한 것임을 부인할 수 없다. 기본적으로 부모님의 생계와 건강이 어느 정도 독립적이어야 할 뿐만 아니라, 자녀 역시 생계와 삶의 여유가 있어야 하기 때문이다. 부모님이 자식 키우기만으로도 벅차서 노년을 지탱할 경제 수단을 마련하지 못했다거나, 홀로 생활할 수 없을 정도로 건강에 문제가 생겼을 때, 소득이 낮은 자녀들은 다른 형제자매들의 적극적 협력뿐만 아니라 배우자의 도움 없이 부모의 전적 의존 상태를 견뎌 내기 어렵다. 소득과 시간의 빈곤으로 자신과 자녀만 부양하기에도 버거운 것이다.

사적 공간과 삶을 아내의 부모와 전적으로 공유하는 '합가'라는 전적인 돌봄의 삶을 선택한 남편의 행위는, 그동안 내가 시어머니에게 해 왔던 행위들이 일시적이고 임시적인 마음 씀에 불과했음을 드러냈다. 나는 내가 귀찮지 않고, 어렵지 않을 만큼만, 그리고 방해받지 않을 선에서만 남편의 책임을 보조하는 '독립적인' 며느리였다. 그래서 남편의 '사위 되기'만 놓고 보면 미안하기보다 고마운 것이 맞지만, 나의 '며느리 되기'까지 비교해 본다면 미안하다고 표현하는 것이 결국 적절한 것이었다. 나는 사랑의 빚쟁이가 된 것 같았다.

* * *

그러나 나의 빚은 다른 한 여성의 헌신으로 잘 은폐되고 있었다. 나보다 열한 살이 많은 큰형님은 20대 중반에 결혼하자마자 시부모님을 30년이 넘도록 모시고 있다. 그는 더 이상 경제 활동을 할 수 없는 가난한 남편 부모의 생계와 건강, 문화와 종교 생활까지 모두 통합하여 부양해 온 '맏며느리'였다. 형님은 진취적 여성으로 평생 직업 활동을 쉰 적이 없었지만, 가족이나 아내의 역할에 관해서는 집안 어른들이 보여 주고 가르쳐 준 대로 의심 없이 살아왔다. 아들이 넷인 집안의 큰며느리가 되기로 하였으니, 당연히 시부모를 모시는 것도 자기 역할이라 받아들였다. 깐깐하고 자존심 있는 시어머니를 둔 탓에 시집살이가 쉽지 않았을 테지만, 워낙 쾌활하고 주체적인 형님은 주어진 삶의 무게와 시간을 큰 의심 없이 잘 견뎌 왔다.

그러던 중 내가 결혼하여 가족의 일원이 된 지 얼마 되지 않았을 때, 어쩌다 보니 우리 집 이야기를 형님과 나눌 일이 생겼다. 공교롭게도 우리 아버지 집도 남편 집처럼 형제가 넷이었는데, 아버지의 형인 큰아버지가 아니라 아버지 바로 밑의 동생인 작은아버지가 할머니를 모시며 살고 있었다. 나는 워낙 어릴 적부터 그렇게 지내는 걸 봐 왔던지라, 꼭 큰아들이 어머니를 모셔야만 한다고 생각해 본 적이 없었다. 그런데 형님은 우리 집 이야기를 듣고 이렇게 물었다.

"그런데 동서, 왜 할머니는 큰 아드님이 안 모시고 셋째 아드님이 모시는가?"

오래된 일이라 내가 뭐라고 대답했는지 잘 기억나지 않는다. 하지만 여전히 선명하게 남아 있는 기억은 그 질문을 하는 형님의 표정이 정말로 그 이유를 알고 싶어 하는 것같이 보였다는 것이다. 그 이후에도 나는 형님이 왜 그런 질문을 했는지 차마 물어보지 못했다. 혹여나 형님이 우리 집 예를 들어 시어머니를 나나 다른 형님들에게 모시라고 할까 봐 겁이 났기 때문이었을까?

나는 우리 부모와의 합가를 결정하자마자 이 사실을 남편 가족에게 어떻게 알려야 하나 고민했다. 여성이 며느리로서 하는 역할을 분석한 한 연구에 따르면, 남편 대신 며느리가 하는 '대리 효도'를 솔직하게 처음부터 거절하는 1990년대 이후 출생한 기혼 여성들과 달리, 1970년대생의 기혼 여성들은 자신의 자아를 배후로 숨기면서 '형식적 며느리 연기'를 수행한다고 한다.[2] 그러고 보니, 나도 별다른 것은 없었다. 1970년대 중반에 태어난 사람으로서 남편 가족과의 직접적인 불편함을 피하려고 어느 정도 며느리 역할을 연기하고 있었던 것 같다. 솔직히 나는 우리 부모와 합가하는 것이 시어머니의 허락을 받을 사항은 아니라고 생각했지만, 허락을 요청하는 정식 과정을 통해 '은혜를 입은 며느리'라는 타이틀을 얻어 남편에 대한 마음의 부담을 덜어내고 싶었던 것 같다.

그러나 적어도 큰형님 앞에서는 며느리 연기를 할 수가 없었다. 며느리 간의 서열도 남편의 서열에 따라 결정된다는 면에서, 내가 그를 '큰형님'이라 부르는 것 자체가 부계 중심의 가족 제도를 묵인하는 '며느리 연기'의 일부분일 수 있을 것이다. 하지만 나는 '큰형님'과 '막내 동서'라는 관습의 호칭 너머, 한 여성으로서 다른 여성에게 진심으로 미안한 마음을 거두기 힘들었다. 그는 결국 내가 사랑하여 가족 되기로 결심한 사람의 어머니에 대한 돌봄의 책임 상당 부분을 아주버님과 함께 대신 짊어지고 있었기 때문이다. 내가 내 부모와 합가하기로 선택할 수 있었던 것도 형님이 우리의 짐을, 나의 짐을 대신 지고 있었기에 가능했다. 그 결과 형님 역시, 본인의 노모에 대한 책임을 다른 형제자매에게 빚지게 되었다. 이러한 사실을 알게 된 이후 나는 가족 안의 페미니즘이 여성과 남성의 평등만이 아니라 여성 간의 연대를 구축해야 한다는 것을 깨달았다.

물론 부계 중심의 가족 제도가 '며느리'에게 강제로 그 짐을 부과했을 수 있으며, 동시에 배우자를 사랑하기에 그의 늙은 부모마저 가여워진 한 '인간'이 기꺼이 선택했을 수도 있다. 양자택일의 문제로 쉽게 단정 지을 수 없는 가족 돌봄의 복잡한 현실 속에서, 책임을 덜 진 이들은 책임을 더 진 이들에게 미안해하며 동시에 고마워할 수밖에 없다. 역할의 강제와 책임의 자유가 명확히 구분될 수 없는 것이 현대 사회의 가족 돌봄자들이 처한 상황이기 때문이다. 그러고 보니, 내가 선택한 합가라는 돌봄의 삶도 온전히 페미니스트로서 권리를 누리기 위해 기꺼이 책임을 감당하는 주체적 자유를 실행한 것이라고 자랑할 만한 것이 아닐 수 있음을 깨달았다. 부계 중심의 가족 부양 시스템이 빠르게 무너지고 있지만 사회 보호망 구축이 여전히 지지부진한 우리 사회에서, 부모의 돌봄과 부양을 독박 쓰는 '슈퍼우먼' 딸들이 우리 주변에 빠르게 늘고 있기 때문이다.

* * *

가족이 되기 위해서는 사랑이 필요하다. 그러나 가족은 제도이기도 해서 더 많이 사랑하는 사람의 선한 마음을 남용하며 유지된다. 사랑은 가족의 고통을 책임지는 용기를 주기도 하지만, 이미 선한 마음으로 사는 사람의 마음을 더욱 약하게 만들기도 한다. 그러니 우리는 단순히 속으로만 미안해하지 말아야 한다. 또한 단순히 말이나 돈으로만 고마움을 표현하지도 말아야 한다. 나의 짧은 경험에서 조심히 제안하고 싶다. 1년에 며칠, 한 달에 하루, 일주일에 몇 시간만이라도 돌봄을 도맡고 있는 이가 지고 있는 짐을 정규적으로 완전히 내려놓을 수 있도록 하는 것이다.

그러한 돌봄의 나눔은 결국 짐을 가장 많이 지고 있는 이에 대한 인정이자 존경을 표현하는 상징이 될 수 있다. 그 덕분에 돌봄에서 완벽히 면제된 시간 동안만이라도 그도 자기 자신을 돌볼 수 있을 것이다. 누군가가 타인을 돌보기 위해 자기를 돌보지 못하는 상황에 갇히지 않도록 방안을 찾아내는 것, 그것이야말로 그를 향한 미안함에 성실히 답하는 자세다. 나아가, 우리가 선택한 사랑에 대한 정성이 더 크게 자라나, 결국 우리 자신의 영혼과 삶까지 확장하는 기회를 줄 것이다.

물론 이러한 대안은 가족과 새로운 관계를 만들기 위해 함께 노력하는 것이 가능한 사람들에게만 해당한다. 그러니 완전한 가족의 해체, 정확히 말해 '정상 가족'의 해체를 경험한 이들에게 함부로 훈수 두어서는 절대 안 되는 것임을 나는 빼먹지 않고 강조하고 싶다.

5

치매 환자의
슬기로운 사회생활

광복을 1년 앞두고 할아버지가 병환으로 돌아가셨는데 아버지는 그때 이미 할머니의 배 속에 있었다. 사람들이 뒤에서 수군대기 좋은 '유복자'로 태어난 것이다. 해방과 한국 전쟁을 겪으며 어느 집이 풍요로웠겠냐마는, 가장이 없는 아버지 집은 동네에서 알아주는 가장 가난한 집이었다. 그러나 할머니의 집이 원래부터 형편이 나쁘지는 않았다. 구한말 한 지방관리의 수양딸로 입양되어 많은 사랑을 받은 할머니는 일제 치하 여자아이들에게는 매우 드물었던 '국민학교' 교육을 받았다. 그래서 '글자를 안다'는 사실만으로도 자신을 과부라고 무시하던 사람들에게 평생 머리를 숙이지 않고 살았다. 하지만 남편이 죽으며 남겨 준 것이 가난밖에 없었던 할머니에게 자녀의 학자금을 낼 방법은 어디에도 없었다. 누구나 먹고살기 어려운 시절이었지만, 할머니의 가난은 더 애달팠다.

다행히 이웃 마을 교회에서 성경학교를 열었는데 아버지 형제들은 교회를 학교인 줄 알고 다니면서 "드디어 우리도 학교에 다닌다"라며 기뻐했다. 아버지 형제들은 머리가 좋았다. 특히 아버지는 욕심이 많아 중·고등학교를 거치며 전교 1등을 거의 놓치지 않았다. 할머니는 아버지가 '박정희 5·16 장학금'을 받고 학교 다녔다고 내게 귀에 못이 박힐 정도로 자랑했다. 하지만 아버지는 전형적인 문과형 머리였던 것 같다. 어릴 적부터 보아 온 아버지는 조금은 심한 '기계치'였다. 우리 집에 처음 도스 컴퓨터가 들어왔던 때, 아버지는 그 앞에서 쩔쩔맸고 이내 어린 남동생의 차지가 되었다.

기계치여서 그랬을까? 알츠하이머 진단 직후, 우리를 처음으로 당황스럽게 했던 문제는 아버지의 핸드폰 사용이었다. 아버지에게 핸드폰이란 아무리 최신식이라고 해도, 결국 전화를 걸고 받는 것에만 유용했다. 그런데 병이 발병하자, 아버지는 이 사람 저 사람에게 전화를 해대기 시작했다. 며칠 전에 남아 있는 통화 기록을 보고는 전화하여 "아무개 장로님, 방금 전화하셨어요?" 하기를 반복했다. 저녁에 돌아와 보면 아버지 핸드폰에 옛 교인이나 친구 목사님, 그리고 형제들에게 아버지가 열 통도 넘게 전화한 기록이 고스란히 남아 있었다. 대부분 상대방이 받지 않은 전화였다. 카톡도 문제였다. 도대체 무엇을 누르면 그렇게 되는지, 아버지는 정말 이상한 링크를, 그것이 무엇인지도 모르면서 사람들에게 보내고 있었다. 가족으로서 정말 '미치고 팔짝 뛸' 일이었다. 우선 아버지로 인해 당황했을 수신자분들에게 너무 미안했다. 또한 작년, 재작년까지만 해도 함께 사회생활을 하던 분들에게 아버지가 사리 판단이 잘 안 되는 상태에 처하게 되었다는 사실이 알려지는 것도 가족으로서 매우 속상한 일이었다. 그러다 보니 아버지와 핸드폰 문제로 실랑이하는 일이 점점 더 늘어났다. 아무리 설명해도 아버지는 자신이 전화하지 않았다고 했다. 전화한 일을 감쪽같이 잊어버렸기에, 아버지의 억울함은 너무 쉽게 분노로 변하고는 했다.

결국 나는 하는 수 없다고 생각했다. 당연히 제1 보호자는 엄마인 것이 분명했지만, 나는 맏이로서 아버지의 중대한 문제와 관련하여 엄마가 머뭇거릴 때 '결정'하는 일을 맡아야 했다. 그래서 엄마에게 통보하다시피 한 채로 아버지 핸드폰을 몰래 내 방으로 가져와 연락처에 있는 전화번호를 하나, 둘 지워 나갔다. 내가 생각해도 나는 독할 때가 있는데, 엄마, 나, 아들, 사위, 며느리 그리고 큰형과 동생 전화번호를 제외하고 가차 없이 모두 지웠다. 그리고 아버지가 잘못 눌러서 사람들을 귀찮게 하는 모든 앱을 핸드폰 화면에서 감춰 버렸다. 아주 깨끗하고 단순하게, 아버지 핸드폰을 포맷했다. 마음이 편하지 않았다. 핸드폰에서 전화번호를 지우는 일은 현대인에게는 결국 관계의 단절을 의미하기 때문이었다. 그러나 나는 그때 알츠하이머 환자인 아버지의 사회생활은 이제 이렇게 내 손에서 끝을 낼 수밖에 없다고 생각했다. 다른 사람들을 귀찮게 하거나 불편하지 않게 하는 것이 아버지의 존엄을 보호하는 길이라고 믿었다. 그날 이후로 나는 아버지의 모든 사회적 정체성을 기억의 저편에 '감히' 봉인하고, 이제 가족의 일원, 그러니까 '사적인 존재'로서의 정체성이라도 지키는 것이 유일하게 할 수 있는 일이라고 생각했다. 부담이 크기는 하지만, 그것이 아버지를 보호하는 마지막 방법이라 믿은 것이다.

* * *

지금 와서 떠올리면 그때 우리가 어떻게 버텼는지 이상하리만큼 잘 기억나지 않는데, 분명한 사실은 알츠하이머 판정으로 합가한 이후에도 아버지는 2년 정도 특별히 어디를 다니지 않고 주로 엄마의 보호를 받았다는 것이다. 엄마와 집에 머물다가 답답하면 하루에 두세 번 혼자 공원을 산책하거나, 아버지가 목사로 일하며 자주 다녔던 '노회 사무실'을 산책의 반환점 삼아 걸으며 낮 시간을 보냈다. 그러나 놀이나 이야기를 즐길 수 있는 능력 자체를 상실한 아버지는 긴 시간의 무료함을 달랠 방법이 없어 함께 있는 엄마를 귀찮게 하다 못해 심하게 집착했다. 그렇게 엄마에게는 하루에 단 5분의 자유도 허락되지 않았다.

함께 일상을 정규적으로 공유하는 동료도, 친구도 아버지에게서 모두 사라졌다는 사실은 우리 가족을 얕게는 슬픔에, 깊게는 공포에 밀어 넣었다. 그렇게 되자 아버지의 무료한 시간을 어떻게 '때워 드려야' 할지 고민할 수밖에 없었다. 그래서 시간이 날 때면 나는 아버지와 한강 공원을 산책하거나, 안산 둘렛길로 모시거나, 난지도 공원에 함께 올라가거나, 서울 식물원에 방문하거나, 미술관에 같이 가거나, 어쨌든 집 밖으로 아버지를 끌어내기 위해 노력했다. 텔레비전 드라마나 스포츠 중계를 즐기는 데 필수적인 이야기 이해 능력이 망가진 아버지에게는 집에서 시간을 때울 방법이 거의 없었다. 나는 부담이 돼도 하는 수 없다고 생각했다. 아버지를 '사적인 존재'로 가둬 둔 상태에서 시간을 보내는 책임은 그와 사적인 관계에 있는 사람, 즉 가족밖에는 질 수가 없다고 믿었다. 오죽하면 그랬을까. 나는 밖으로 모시고 다니는 일에 지쳐, 인형에 '눈알' 붙이는 일과 같은, 어린 시절 동네 이웃 아주머니들이 집 한편에 물건을 쌓아 두고 하던 5원짜리 아르바이트가 요즘에도 있는지 진지하게 검색해 보기까지 했다. 그때만 해도 아버지에게는 단순 조작을 할 수 있는 손 기능과 노동 욕구가 꽤 남아 있었다.

물론, 아버지의 주치의는 아버지 정도면 낮에 치매 환자를 돌보는 '데이케어센터'를 다니는 것이 좋겠다고 진즉에 말했다. 케어센터는 일종의 노인 유치원처럼 일반적으로는 센터 차량이 아침에 집 앞에서 치매 환자를 태워서 오후 늦게 다시 집에 모셔다드린다. 그런데 나는 아직 혼자 산책하는 일이 꽤 가능할 정도로 신체적으로 불편한 곳이 없을 뿐만 아니라, 일상의 상당한 기능과 소통 능력이 남아 있는 아버지가 내 머릿속에 떠오르는 전형적인 치매 환자들, 그러니까 인지와 신체의 상당 기능이 손실된 노인들과 함께 뒤섞여 온종일 시간을 보내는 것을 상상하기 어려웠다. 적어도 우리 아버지는 '그런 곳'에 갈 상태가 아직은 아니라고 생각했다.

하지만 아버지의 집착이 엄마를 정말 힘들게 한 날, 혹시나 하는 마음에 결국 구립노인복지관 케어센터에 연락했다. 간단한 전화 상담 뒤 방문 상담을 통해 알게 된 놀라운 사실은 이미 아버지보다 증세가 가벼운 분들도 케어센터를 다니고 있다는 것이었다. 담당 복지사는 내가 짐작했던 케어센터 노인들의 상태는 주로 요양원에서 24시간 생활하는 치매 2-1등급 환자들의 상태라고 가르쳐 줬다. 그러나 나는 정말 여전히 상상이 안 갔다. 낯선 치매 노인분들 틈에 '내 아버지'가 섞여 하루를, 한 달을, 1년을 보낸다는 것이 정말 가능할지 믿기지 않았다. 그 불신은 나로 하여금 복지사에게 이런 질문을 건네게 했다.

"그래도 우리 아버지가 교육도 많이 받으시고 사회에서 앞장서는 활동을 하신 분인데, 출입이 통제된 케어센터 생활에 잘 적응하실 수 있을까요? 이제까지 못 다니시겠다고 중도에 그만둔 어르신들은 안 계시나요?"

케어센터를 책임지는 사회 복지사는 아주 나지막하면서도

부드럽게 대답해 주었다. 이 동네 케어센터에 오시는 분 중에는 교수를 하던 분도, 교장을 하던 분도 있다고, 그런데 가족들이 걱정하는 것보다 상당히 잘 적응한다고 말이다. 그러나 나는 그 말이 여전히 믿기지 않았다. 그냥 센터를 책임지는 사람으로서 홍보하는 말이 아닐까 하는 의심이 들었다. 어린아이가 다니는 유치원같이 단순한 프로그램으로 이루어진 '통제된 공간'에서, 고집은 세고 인지 능력은 손실된 노인들이 하루 종일 저항 없이 시간을 보낸다는 것을 상상할 수 없었다. 얼마나 답답하고 무료할지, 나는 상상되지 않는 것을 억지로 상상하며, 아버지의 센터 생활을 앞서 걱정했다. 나의 불신은 분명히 사회 복지사에게 티가 많이 났을 것이다. 지금 와서 생각해 보니, 사회 복지사는 정말로 직업의식을 갖고 나와 엄마의 질문들에 찬찬히 응답하며, 아버지에게도 아주 다정하게 말을 건네며 대화해 나갔다.

아버지는 이미 엄마와 우리 가족만 감당하기에는 어려운 존재였기에, 케어센터에 대한 확신이 들지 않는다고 해서 쉽게 포기할 수는 없었다. 하는 수 없이 우리는 상담 끝에 케어센터에 등록했다. 아버지를 케어센터에 감금한다는 마음을 지울 길이 없어서 너무 답답하고 죄송했지만,

아버지와 함께 살기 위해서는 이 방법밖에 없다고 마음을 다독였다.

* * *

다행히도 하는 일이 없어 늘 심심하고 답답하다던 아버지는 센터를 매일 다닐 거라는 말을 듣고는, 본인이 가볍게 노동할 수 있는 일자리나 다른 노인들을 가르치는 봉사의 자리가 생긴 것으로 알고 즐거워했다. 가족과의 대화 내용마저 세밀하게 파악하지 못하는 아버지는 케어센터를 본인이 담임 목사였던 시절 중점을 두고 운영했던 '노인 대학'으로 착각한 것 같았다. 그러나 아버지가 자기 역할을 의심하는 데는 오랜 시간이 걸리지 않았다. 며칠 뒤 아버지는 말했다. "이상해, 거기서 내가 사람들을 도와줘야 하는데. 사람들이 내게 일을 시키지 않아." 나는 센터에서 남을 위해 일하기보다, 복지사들의 도움을 받는 존재로만 머무는 아버지의 '무료함'을 상상하며, 다시금 미안해졌다. 그렇게 첫 주, 첫 달, 센터에서 하원하는 아버지를 마중 나갈 때면 센터 차량에서 내리는 아버지가 오늘은 그 긴 시간을 어떻게 보내며 버텼을까 하는 생각에 마음이 찌릿하고 아팠다. 그 방법밖에 없지만, 그래도 마음이 아픈 것은 어쩔 수 없었다. 동시에, 이제 막 낮 동안 작은 평안함을 얻은 엄마를 생각하며 아버지가 센터를 그만 다니겠다고 하면 어쩌나 하는 걱정도 숨길 수 없을 만큼 커졌다.

그런데 아버지가 센터에 출석하는 날이 많아지면서 나는 아주 중요한 사실을 깨달았다. 발병 이후 나는 아버지 핸드폰의 연락처를 지우고 활동 반경을 집이라는 공간과 가족 관계 안으로만 통제하면서, 아버지의 사회적 삶이 이제는 완전히 끝났다는 판단을 내렸었다. 이제 아버지에게는 사적 존재로서 살아가는 시간만이 남았다고 생각한 것이다. 하지만 케어센터를 다니기 시작한 아버지를 보며, 그러한 내 생각이 얼마나 무지하고 오만했는지 알게 되었다.

아버지는 처음에 노인 대학 교장이나 교사로서 자신의 역할을 상상하고 센터에 다니기 시작했지만, 이내 돌봄을 받는 노인으로서, 그러니까 '김종용 어르신'으로서 정체성을 받아들이기 시작했다. 그 과정은 분명히 교장이나 교사로 활동할 때보다 신나거나 역동적이지 않겠지만, 아버지는 무료한 시간이 흘러가는 것을 수동적으로 멍하니 기다리는 존재로 머물지 않았다. 한 달에 한 번 센터에서 보내주는 생활 기록을 보면, 아버지는 거기서도 자신이 할 수 있을 만큼 그림을 그리고, 재밌는 이야기를 들을 때면 웃고, 도구 운동을 하며, 식사 후 이를 닦고, 의료 봉사자들의 마사지나 침도 맞으며 하루를 보내고 있었다. 한마디로, 아버지는 센터 우등생이었다.

아버지의 행동에도 변화가 생겼다. 아버지는 센터에서 일하는 사람들의 이름을 하나도 기억하지 못했지만, 그 사람들을 만날 때면 집에서 나나 엄마 대하듯 편하게 대하지 않았다. 자기 의복이나 어투, 행동을 신경 쓰고 있었다. 한마디로, 아버지는 나나 엄마와의 사적인 관계가 주는 느슨함이나 편안함, 그리고 때때로 쉽게 대하는 태도에서 벗어나, 새로운 인간 관계 속에서 경험하는 자극과 긴장으로 자신의 '체면'을 지킬 수 있는 훈련의 기회를 얻었다. 체면이란 남을 대하는 도리나 얼굴을 뜻하는데, 아버지는 매일 센터 사람들을 대하며 인간에 대한 예의와 도덕을 매번 상기함으로써 사회적 자아를 다시 지켜내기 시작한 것이다. 그 덕분인지 아버지의 우울증이나 난폭성은 눈에 띄게 줄어들었을 뿐만 아니라, 인지력 면에서도 크게 나아졌다. 이제는 다 끝났다고 생각했던 아버지의 사회생활이 새롭게 다시 시작되면서, 치매 환자로 사는 삶의 질이 눈에 띄게 개선되기 시작된 것이다. "이전 것은 모두 지나갔으니,

보라! 새것이 되었도다"(고린도후서 5장 17절).

이것을 깨닫게 되자, 나는 더 이상 아버지가 케어센터에서 시간을 '때우다 온다'라고 생각하지 않으려고 노력하게 되었다. 나아가 아버지는 불쌍하게 갇혀 있는 것이 아니라 안전하게 보호받고 있는 것이며, 그곳에서 새로 만난 치매 돌봄 전문인들과 동료 환자들과의 '새로운 사회'를 만들어 내며 중요한 구성원으로서 자기 몫을 해내고 있는 것이라고 바꾸어 생각할 수 있었다.

치매 환자가 아니었던 시절 맺었던 다양한 사회적 관계들과 모임들이 발병과 함께 지속되기 힘든 것을 부인할 수 없다. 손상된 기억과 인지력, 연약해진 신체로는 기존 사회에서 맡았던 자신의 역할을 감당할 수 없으니, 그 역할로 맺어진 사람들과의 관계도 아예 중단되거나 매우 연약해질 수밖에 없다. 그러한 사실로 인해 이제껏 우리는 치매 환자의 사회적 삶에 내려진 사망 선고에 너무 쉽게 순응하며, 치매 환자를 세상에서 제일 불쌍한 존재로 취급해 왔다. 그렇게 그를 수치스러워하며 집안의 사적 존재로 숨겨 왔다.

그러나 케어센터에서의 새로운 삶은 환자에게 사회적 관계와 역할을 새로 만들 기회를 제공할 수 있다. 사회적 관계망이 센터보다 많이 약화되겠지만, 요양원도 요양 병원도 역시 '하나의 새로운 사회'로서 환자를 맞이할 수 있도록 다양한 방안을 마련해야 한다. 즉, 인간은 죽는 날까지 사회 밖에서 존재할 수 없으며 그래서도 안 된다. 인간은 단 한 순간도 '사회적 존재'가 아닌 적이 없다. 동시에, 인간이 하나의 사회 안에만 고정적으로 머물러 있는 일도 없다. 우리는 늘 다양한 사회들에 참여하고 이동하면서 공동체적 존재로 사는 삶의 여정을 다채롭게 채워 가지 않는가. 그러한 관점에서 치매 환자도 나이 듦이 선사하는 인간의 보편적 취약함으로 인해 인간의 돌봄이 가장 정교하게 발달한 또 다른 사회에 도달하게 된 것뿐이다.

* * *

나는 치매 환자에게도 '사회성'이 여전히 유효하다는 내 주장이, 전통 신학과 철학이 오랫동안 가르쳐 온 '인간만이 사회적 존재다. 고로 인간은 다른 동물들보다 우월하다'라는 명제에 귀속되지 않기를 바란다. 현대 사회 생물학의 성과를 무시할 수 없는 21세기의 지적 풍토에서, 이제 우리는 집단생활을 하는 지구상의 모든 동물 종種이 생존에 적합한 적정 수준의 소통 능력과 권력 구조를 가진 각각의

'사회'를 구성하고 있다는 사실을 부인할 수 없다. 이러한 현대 과학의 발견은 인간이라는 종이 지구상에서 차지하고 있다고 스스로 확신했던 존재론적 지위를 추락시킬 것이 분명하다. 그러나 오늘날 '사회성'이라는 협동과 연대의 존재 방식이 인간이라는 종에게만 독점되지 않았음을 우리가 발견할 때, 우리는 '이성적 존재'인 인간만이 사회성을 지녔다고 가르쳐 왔던 전통 신학과 철학의 담론이 사실은 소위 '정상적 인간'의 범위에서 벗어난 다양한 인간 존재를 열등한 존재로 차별하며 사회로부터의 배제를 정당화하는 이데올로기 기능을 해 왔음도 반성할 수 있게 되었다.

독일의 철학자 악셀 호네트Axel Honneth에 따르면, 현대 사회에서 심화된 다양한 사회 갈등은 사회적 존재로서 제대로 '인정'받지 못하는 데서 발생하는 '인정 투쟁'의 과정이다. 그는 인간은 세 영역에서 타자와 상호 인정을 통해 긍정적 자기의식을 갖게 된다고 설명한다. 먼저, 가족이나 친구와 같은 원초적 관계에서 사랑과 우정을 나누며 정서적 상호 인정을 얻어야 한다. 둘째, 법적 보호를 통해 사회로부터 타인과 동등한 권리를 존중받아야 한다. 마지막으로, 가치나 목적을 공유한 공동체 안에서 자신의 역할이나 능력을 인정받으면서 사회적 연대를 경험할 때 자신에 대한 금지를 얻게 된다. 호네트는 "이 세 가지 인정을 통해 각 개인은 비로소 한 공동체의 '완전한 구성원'이 된다"라고 설명한다.[1]

치매는 환자의 자기의식이 점차 옅어지며 결국 완전히 없어지는 병이다. 현대 의학의 발전에도 이 병을 치료하거나 병의 진행을 완전히 중단시킬 방법은 아직 존재하지 않는다. 문제는 그러한 병의 예후로 인해, 치매 진단 자체가 이미 자기의식이 상실된 것처럼 선언된다는 점이다. 이러한 상황에서 치매 환자들은 가치나 목적을 공유해 왔던 소속 공동체로부터 기존의 역할을 너무 쉽게 박탈당하거나, 이미 가족이 환자의 공식적 성년 후견인이 된 것처럼 법적 권리를 함부로 대리하며 그의 권리를 침해한다. 심지어 치매 진단 자체가 친구나 가족 관계로부터 단절당하는 계기가 되는 경우도 적지 않다. 환자는 의학적 진단을 받은 것인데, 인간 공동체의 '구성원'으로서의 자리까지 박탈당하는 사회적 효과를 초래하는 것이다.

이러한 상황에서 케어센터라는 새로운 사회는 지친 가족의 짐을 덜어 주며 가족의 사랑을 지속 가능할 수 있도록 도울 뿐만 아니라, 센터에서 만나는 사람들과 새로운 우정을 쌓도록 한다. 공적 자금의 투여와 공적 감시 및 관리가 이루어지는 케어센터는 사적 존재로 집에 갇혀 있던 환자들을 사회적 관계 속으로 다시 불러내면서 다시금 법의 보호 아래 지낼 수 있도록 하기도 한다. 무엇보다도 케어센터는 보호와 돌봄이라는 목적을 공유한 공동체로서 환자에게 '보호와 돌봄을 받는 자'라는 역할을 부여함으로써 케어센터에서 일하는 이들을 '보호와 돌봄의 전문 직업인'이 되게 한다. 쉽게 말해 구성원들 서로가 서로를 위한 존재가 되는 상호 부조의 연대를 통해 센터는 사회적 생산의 새로운 장이 되는 것이다. 이러한 기능이 살아 있는 케어센터의 존재로 인해 나는 자기의식을 병리적으로 잃어가는 치매 환자 역시 현대 사회 곳곳에서 광범위하게 일어나고 있는 자기의식의 인정 투쟁 한 축을 만들어 갈 수 있다고 생각한다.

* * *

케어센터에 다닌 뒤로 나는 아버지에게 자주 묻는다. 오늘도 센터에서 재밌게 지내고 왔는지 말이다. 아버지는 '케어센터'라는 단어도 자기 입으로 발화하지 못하고 '거기'라고 말한다.

> "거기, 뭐. 맨날 똑같아. 재미없지. 가면 사람들이 잘해 주는데, 내가 하는 일은 없어."

투정 어린 대답을 처음 들었을 때는 아버지가 내일은 안 가겠다고 하면 어떻게 해야 할까, 내심 많이 걱정했다. 그런데 희한하게 건강에 문제가 있지 않는 한 아버지는 아침이면 또 옷을 챙겨 입고 "거기 가야 해. 얼른. 사람들이 기다려"라며 엄마를 재촉한다. 심지어 센터가 쉬는 날인 토요일에는 '거기'를 가겠다고 우기는 아버지를 달래다 못해, 직접 운전하고 케어센터에 모시고 가서 문이 닫혀 있음을 확인해야 할 정도로 아버지에게 센터 생활이 일상이 되었다.

그런데 인간에게 '일상'이란 무엇인가? 바로 늘 같아서 '반복'되는 것 아니던가! 늘 똑같고 재미없고 지루한 것, 그것이 일상이 아니던가! 이렇게 생각해 보니, 내가 그렇듯 아버지도 일상을 아주 부지런하고도 열심히 살아 내고 있었기에 오늘 하루가 어제처럼 지루하고 재미가 없었던 것일지 모르겠다. 만약 그렇다면, 이제는 슬픔이나 불쌍함이 아니라 기대와 감사함으로 아버지의 슬기로운 사회생활을 응원할 수 있을 것 같다. 삶을 반복적 일상으로 '때우며 견디는' 성실함을 통해 아버지는 여전히 내게 많은 것을 가르치고 있다. 물론 이러한 관점의 전환을 이야기할 때, 케어센터의 환경과 노동자들에 관한 더 나은 논의들을 당연히 함께 고려해야 한다는 것도 덧붙인다.

6

가장 고마운 사람들,
그러나 고마움의 이유를
다시 물어야 한다

작년 여름 아버지를 모시고 엄마와 처음으로 구립 케어센터를 방문하여 상담하던 날을 나는 쉽게 잊을 수 없다. 그때 우리 가족의 힘만으로는 아버지의 배회를 통제하기 어려운 지경에 이르렀는데, 언제라도 아버지의 실종 사고가 발생할지 모른다는 사실이 온 가족을 두렵게 했다.

혹시나 하는 마음에 가장 가까운 케어센터에 전화를 걸어 간단한 상담을 했는데, 당시 한참 유행이던 코로나 덕분에 빈자리가 있어 다음날 바로 대면 상담을 할 수 있었다. 관리 행정 전반을 담당하는 사회 복지사 팀장이 엄마와 나, 그리고 아버지를 정말로 따뜻하게 맞이했다. 그 자리에는 케어센터 등원 차량 운전을 막 마치고 돌아온 중년 남성 한 분도 있었다. 처음에 나는 그분이 운전을 담당하는 직원이라고만 생각했는데, 나중에 알고 보니 요양 보호사로 일하는 분이었다. 내 선입견 탓에 요양 보호사는 여성만 할 수 있는 직업이라고 생각했던 것이다. 페미니스트라고 자처하면서도 이런 실수를 하다니, 역시 머리로 배운 지식은 이렇게 연약하다.

이제 와 돌이켜 보니 아마도 환자 가족이라면 누구나 첫 상담에서 취하는 태도가 크게 다르지 않을 것이라는 생각이 든다. 짧게는 몇 달 길게는 1-3년, 가족끼리 치매 환자를 돌보는 과정에서 많이 지치고 힘들었기 때문에, 가족도 아닌 케어센터 직원들이 환자의 유별남을 정말로 잘 돌볼 수 있을지 걱정이 가장 앞선다. 그러나 다른 한편으로는 센터가 받아 주지 않으면 다른 대안이 없기에, 환자의 유별남이 등록 거절 사유가 되지는 않을까 노심초사하기도 한다. 환자가 얼마나 유별난지 설명해야 하면서도, 그의 유별남이 아주 견디기 어렵지는 않다는 모순된 입장을 취해야 하는 것이다.

그러나 첫 상담에서 사회 복지사와 요양 보호사 모두 우리의 '유별난 아버지'를 치매라는 질병에 걸린 많은 어르신 중 하나로 대하며 상담하고 있음을 느꼈다. 물론 처음에는 거부감이 들기도 했다. 아무리 병환 중에 있더라도 내 아버지만은 다른 환자들과 같지 않았으면 하는 마음이 크기 때문에, 첫 상담에서 복지사와 보호사가 다른 환자들 같이 아버지의 유별남을 '일반화하는 방식'이 마음에 걸렸다. 그러나 상담 과정에서 잘 이해할 수 없는 아버지의 말을 친절하게 인내하며 끝까지 듣고 답하는 그들의 태도와, 엄마와 나의 걱정스러운 질문들에 차분하게 공감하며 답하는 것을 보며 나는 어렴풋이 아, 이들은 치매 환자를 '직업적으로' 돌보는 '전문가들'이구나 깨달았다. 그리고 18개월이 지난 지금 그 생각은 더 분명해졌다.

아버지가 다니는 케어센터는 한 대학에서 구청의 위탁을 받아 운영하는 노인 복지관 산하의 주야간 보호 센터로서 치매 환자뿐만 아니라 뇌졸중이나 노인성 질환 등으로 '노인장기요양보호법'에 따라 인정된 장기 요양 급여 수급자 중 주로 5-3등급의 환자들을 돌본다. 주로 2-1등급의 환자들이 입소하는 시설인 요양원이나 요양 병원과 달리, 케어센터는 휴일을 제외하고 하루 일정 시간을 돌보아 주는데, 주로 유치원 아이들같이 차량으로 등원부터 하원까지 책임진다. 아버지가 다니는 케어센터에는 총 스물네 명의 노인을 돌보기 위해 사회 복지사 두 명과 요양 보호사 다섯 명, 간호조무사 한 명과 조리원 한 명, 야간 운전원 한

명, 이렇게 총 열 명이 근무하고 있었다. 생각보다 많은 인원이 노인을 돌보는 듯하지만, 행정 일과 의료, 식사 등의 업무 인력을 제외하면 실제로 요양 보호사 다섯 명이 오전 여덟 시부터 밤 열 시까지 돌아가며 노인들의 일상을 챙기고 교육까지 담당하며 돌본다.

* * *

내가 믿는 하나님이 지금 이 순간 가장 고마운 사람이 누구냐고 묻는다면, 나는 정말로 어떠한 머뭇거림 없이 케어센터에서 노인들을 돌보는 분들이라고 말할 것이다. 특히, 돌봄 노동 자체를 주된 임무로 수행하는 요양 보호사분들에게 가장 고맙다. 그분들에게 얼굴을 마주하고 제대로 진지하게 고맙다고 말한 적이 없지만, 나는 엄마를 대신하여 가끔 아버지의 등·하원을 도울 때 마주치는 요양 보호사분들을 보며 마음이 뭉클할 정도로 고마움이 차오르는 경우가 한 번씩 있다.

물론 텔레비전 뉴스에서는 환자를 학대한 요양 보호사 이야기를 종종 접하기 때문에, 혹자는 내게 그분들이 아버지를 어떻게 대하는지 객관적으로 거리를 두고 지켜보는 것이 더 '합당하다'고 말할지 모르겠다. 그러나 일부가 저지르는 일탈적 범죄 사건을 핑계로 요양 보호사 직종 자체를 의심하는 것은 옳지 못하다. 그렇다고 그들을 마주할 때 차오르는 고마움을 그저 당장 우리 가족의 힘듦을 덜어 주기 때문에 느껴지는 즉자적인 감정 반응이라고 깎아내리고 싶지도 않다. 나는 충분히 그 고마운 마음을 우리가 제대로 분석할 수 있으며, 그러한 분석을 우리 사회의 구성원들이 함께 공유하는 것이 근원적으로 더 '합당하다'고 생각한다.

치매 환자의 가족은 왜 요양 보호사분들에게 고마움을 느끼는가? 가장 단순한 이유는 요양 보호사들의 돌봄 노동 서비스를 제공받는 데 지급하는 비용이 매우 저렴하기 때문이다. 우리 아버지 같은 경우, 케어센터에서 주 5일 하루 여덟 시간의 보호와 돌봄, 교육, 등·하원 서비스뿐만 아니라 점심과 간식까지 제공받는 비용이 월 20-30만 원에 불과하다. 치매 등급에 따라 차이가 약간 있지만, 가구 소득에 따라 그 비용은 더 감액되거나, 심지어 무료로 제공되기도 한다. 그러니 이렇게 저렴한 비용으로 치매에 걸린 가족을 돌보는 일에서 어느 정도 벗어날 수 있다는 사실만으로도 고마워하지 않기는 어렵다.

그러나 합리적으로 따져 보면 그러한 고마움은 착시

현상에서 나온 오인이라고 해야 한다. 환자의 가족이 말도 안 되는 저렴한 서비스 비용을 지불한다고 해서, 요양보호사들이 그렇게 지불된 비용 안에서만 임금을 받는 것이 아니다. 정확히 말해, 케어센터의 운영 비용과 그 안에서 일하는 사람들의 임금은 치매 환자나 그 가족이 직접 납입하는 '본인 부담금'으로는 턱없이 부족하다. 우리 가족은 겨우 20-30만 원의 '본인 부담금'을 내지만, 실제로 아버지가 케어센터로부터 받는 서비스는 150-170만 원 내외의 '주야간 보호 급여금'의 가치에 맞게 산정되어 제공된다. 당연히 케어센터는 그 차액을 다른 방식으로 보전받아야만 지속해서 운영할 수 있다.

* * *

부끄럽게도 나는 처음에 케어센터에서 저렴한 '본인 부담금'을 확인하고는 이 모든 것이 '문재인 케어' 덕분이라고 생각했다. 하지만 나중에 알고 보니 '문재인 케어'가 '국가 치매 책임제'라는 명칭으로 치매 환자와 가족에 대한 국가 지원을 확대한 것을 부인할 수 없으나, 순수하게 국가 재정에서 이 모든 것이 무상으로 지급되는 것은 아니었다. 현재 우리나라에서 시행되는 치매 환자를 위한 다양한 급

여는 이미 2008년에 실행된 '노인장기요양보호법'에 따라 근로 소득이나 재산이 있는 국민이라면 누구나 의료 보험료의 0.9퍼센트에 해당하는 금액을 의무로 추가 납부 하고 있는 '노인 장기 요양 보험료'에 의해 주로 지급된다. 그러니 크게 보면 국가의 사회 복지 제도라고 말할 수 있겠으나, 더 정확하게 말하면 국민 각자가 소득에 따라 의무적으로 납입하여 예비해 두는 '국가 보험'이라고 해야 옳다. 물론, 소득이 없어 장기 요양 보험에 가입하지 못한 사람이라도 '의료 급여 수급권자'로서의 자격을 얻으면 지방 자치 단체의 지원으로 장기 요양 서비스의 본인 부담금을 전액 면제받거나 경감받을 수 있다. 그렇기에 우리나라에서 치매 환자를 위한 서비스들[재가在家, 주야간 보호, 시설]은 결과적으로 치매 등급 판정을 받은 국민이라면 누구나 혜택을 받을 수 있다는 뜻이다. 전문가들은 이것을 우리나라의 대표적인 '보편적 복지'로 꼽는다.

이러한 제도 배경에서 본다면, 센터에 20-30만 원의 저렴한 비용을 낸다고 해서 요양 보호사들에게 크게 고마워할 이유는 없다고 생각할 수 있다. 당장은 제공받는 서비스에 비해 적은 비용을 납입하는 것처럼 보일 테지만, 소득이 있는 국민으로서 계속 납입하고 있는 '장기 요양 보험료'에서 그 비용이 충분히 보전된다고 생각할 수 있는 것이다. 실제로 그렇게 생각하는 사람들은 요양 보호사를 국민의 '세금'으로 고용된 '국민 하인'처럼 하대한다. 그리고 이러한 잘못된 인식에서 환자를 돌봐야 하는 요양 보호사의 고유한 업무와 상관없는 것들을 부당하게 요구하는 일이 비일비재하게 일어난다. 특히 재가 요양 보호사의 경우 환자 돌봄과 상관없는 집안 허드렛일을 시키거나 심지어 성추행하는 일들이 적지 않게 발생하고 있다.

분명한 것은 2008년 입법을 통해 실시된 노인 장기 요양 보험 제도가 가족의 사적 돌봄 노동만으로는 도저히 인간으로서의 존엄을 유지할 수 없는 중증 노인성 질병자들의 일상을 실질적으로 개선하는 데 상당한 효과를 냈다는 사실이다. 그러나 이러한 효과가 요양 보호사로 대표되는 돌봄 노동자들의 임금 저하라는 희생으로 가능했다는 사실을 아는 사람은 많지 않다. 노인 장기 요양 보험 제도라는 보편적 복지가 시행되기 전까지, 노인을 돌보던 노동자들은 근무 연한에 따라 호봉이 올라가는 '연공제'에 따른 임금 체계를 가지고 있었다고 한다.

그러나 이 제도가 시행되면서 '요양 보호사'라는 새로운 이름으로 불리게 된 노인 돌봄 노동자들은 "서비스 항

목별 보험 수가와 연동되는 시급제"를 적용받게 되었다.[1] 실질적으로 근무 연한이나 숙련도와 상관없이 일괄적으로 최저 임금 직종으로 고정되어 버린 것이다. 심지어 시설에서 숙식하며 근무하는 요양 보호사들의 임금은 시간당 법정 최저 임금을 밑돌기까지 한다. 이러한 임금 저하 문제는 요양 보호사라는 직업이 "다른 직종으로의 진입 기회를 좀처럼 갖기 힘든 고령층이 집중되는 '막다른 일자리'dead-end job가 되어" 가게 만들었다.[2] 다행히도 2023년에 임금 제도가 일부 개선되어 5년 차부터 월 15만 원씩 수당을 추가로 받을 수 있게는 되었지만, 여전히 다른 돌봄 노동직에 비해 대우가 현저히 낮다. 당연히 사회적 지위도 낮다.

그러니 '합리적으로' 접근하여, 우리가 혹여나 실제로 만나는 요양 보호사의 노동 서비스 질이 그리 높지 않다고 느낀다면 그것은 노동자 개인의 성실성이나 책임성이 결여된 탓이라고 판단해서는 안 된다. 한 연구에 의하면, 2008년 우리 정부가 노인 장기 요양 보험 제도를 기획하고 실행한 근원적 목적은 전통적 가족 모델이 해체되면서 사회적 위험 요인으로 부각되기 시작한 노인 돌봄 공백 문제를 진지하게 대처하기 위해서가 아니었다. 오히려 "노인 돌봄 서비스 산업 육성을 통해 경제를 활성화하고 일자리를 창출하겠다"는 국가 경제 정책 수립에 우선적으로 닿아 있었다.[3] 쉽게 설명하자면, 정말로 노인 환자의 삶의 질을 개선하는 것이 제1의 목적이었다면, 요양 보호사라는 직업은 저임금 구조에서 탄생하지 말았어야 한다.

하지만 저임금 요양 보호사 일자리는 계속해서 공급되었고, 정부는 공공 영역의 일자리 제공의 책임을 다했다고 자찬했다. 이러한 상황에서 지난 15년간 어느 정부도 노인 돌봄 서비스의 질을 높이기 위해서는 반드시 공론화되어야 할 요양 보호사 임금 문제에 관심을 두지 않았다. 이는 사회 보험료 증액을 제외하고는 제대로 논의될 수 없었기 때문에, 어느 정부도 정권의 위기를 자초하는 시민들의 조세 저항을 굳이 자극하고 싶지 않았던 것이다.

* * *

이러한 점을 이해한다면, 우리는 낮은 임금과 사회의 차별적 시선에도 묵묵히 일하는 요양 보호사들에게 고마워하는 것이 당연하다. 아니, 보다 정확히 말해 우리가 그들에게 품어야 하는 마음은 '부끄러움'이라고 해야 할 것이다. 가계의 경제적 어려움을 핑계로 '본인 부담금'이나 '노인 장기 요양 보험료' 인상에 대한 강한 의지는커녕, 눈곱만큼의 문제의식도 느끼지 못하는 것이 국민 일반의 정서이기 때문이다.

이러한 상황에서 많은 이는 시민으로서 우리가 마땅히 가져야 할 '부끄러움'을 저버리고, 그들이 받게 되는 낮은 임금을 자본주의 노동 시장에서 요양 보호사라는 직업으로 '흘러들어 갈' 수밖에 없었던 그들의 능력과 기술 부족의 탓으로 돌리는 방식에 너무 쉽게 익숙해졌다. '누가 그 일을 강제로 시켰던가? 다른 일자리를 찾을 능력이 안 되니, 치매 환자들 수발이나 하고 사는 것도 감지덕지해야 하는 것이 아니던가!'라고 생각하는 것이다. 자본주의 노동 시장의 수요 공급 법칙에 너무나 익숙하게 적응하며 사는 사람들은 고된 일을 하는 노동자들에 대한 연민을 노동 시장 시스템의 공정성을 훼방하는 과도한 감정으로 아주 쉽게 치부한다. 그러니 요양 보호사들의 낮은 임금 문제는 '불쌍'하기는 해도, 미안하거나 고마운 감정으로 다가서서는 안 된다.

그러나 나는 요양 보호사에게 고마워하는 것이 여전히 정당하다고 생각한다. 먼저, 단순히 임금 수준이 적절한가에 대한 관점에서 벗어나, 혹시라도 돌봄 노동자의 임금을 최고치로 높인다고 해도 그의 돌봄 노동에 대한 충분한 보상이 될 수 있느냐는 질문을 해 보자. 이 질문에 답하기 위해서 국민건강보험공단이 명시한 요양 보호사라는 전문 인력이 어떠한 직무 수행으로 급여를 받는지 살펴보아야 한다.

신체 활동 지원	• 식사 및 약 챙겨 드리기, 개인 위생 활동(세수, 양치, 머리 감기, 목욕 등) • 몸단장(머리 손질, 손·발톱 정리, 옷 갈아입기 등) • 체위 변경, 이동 도움, 배설 도움(화장실·이동 변기 이용, 기저귀 교체 등) • 신체 기능 증진 활동 등
인지 활동 지원	• 회상 훈련, 기억력 향상 활동, 남아 있는 기능의 유지·향상을 위한 사회 활동 훈련(수급자와 함께 옷 개기, 요리하기 등)
일생생활 지원 등	• 외출 동행(장보기, 산책, 물품 구매, 병원 이용 등) • 수급자의 방 안 청소 및 환경 관리, 수급자의 빨래, 식사 준비, 설거지 등 ※가족을 위한 행위 제외
정서 지원	• 말벗, 의사소통 도움 등

표 1. "노인 장기 요양 보험 급여 이용 안내", 국민건강보험공단 (2023년 10월), p. 40.

표에는 요양 보호사의 임무로 말벗이나 의사소통 도움 등이 '정서 지원'으로 구분되어 있다. 생성형 인공지능과 거의 모든 대화가 갑자기 가능해진 오늘날, 이제 '말'은 말을 주고받는 쌍방의 감정 교류를 전제하지 않는 것이 되었다. 그러나 아무리 그러한 세상이 왔다고 해도, 나는 환자의 가족으로서 치매 환자인 내 아버지를 돌보는 사람이 아버지와 말을 주고받으며 그저 필요한 의미만을 전달하는 기계적 대화에 머물지 않기를 바란다. 이왕이면 따뜻하게 말해 주고, 더 바란다면 마음을 담아 대꾸해 주길 원한다. 임금을 받는 체계에서 진정한 '친구'가 되기를 바라는 것은 지나치지만, 그래도 직무에 굳이 '말벗'이라고 명시되어 있다면 나는 그이가 우리 아버지에게 '친구처럼' 재미와 진심을 담아 말을 걸어 주기를 소망한다. 단순히 말을 주고받는 일 말고도, 아버지의 식사를 챙겨 주거나 양치질을 도와줄 때도, 화장실에 동행할 때도, 나는 그가 돈 받는 만큼만 일하지 말고 진심을 다해 주길 원한다.

그러나 우리는 이미 다 알고 있다. 진심 어린 마음은 결국 돈으로는 살 수 없다는 것을. 때때로 우리는 돈으로 살 수 없는 것은 없다고 푸념하지만, 마음을 돈으로 사는 순간 진심이 깨질 수밖에 없다는 것도 본능적으로 안다. 진심 어린 돌봄 행위라는 것은 그 행위의 동기가 돈을 벌겠다는 목적보다는 환자의 복지를 바라는 마음이 더 클 때 발현한다. 그렇기에 우리가 설령 아무리 많은 돈을 돌봄 노동의 대가로 지불할 수 있다고 해도, 진심을 담은 돌봄 행위는 임금을 위한 직무가 아니라 전적으로 환자와 인격적 관계를 맺기로 마음먹은 그의 '자유'에서 나온다는 사실을 기억해야만 한다.

* * *

시장주의가 압도한 우리 사회에서는 대부분의 환자 가족들이 요양 보호사의 저임금을 노동 시장에서 인적 자본으로 취급받는 학력이나 능력이 부족한 탓이기에 어쩔 수 없는 것이라는 주장을 그저 받아들인다. 그러나 그렇기에 역설적으로 진심의 자유를 담아 자기 가족을 정성껏 돌보아 줄 수 있는 요양 보호사를 만나는 '행운'을, 아니 '요행'을 막연히 기대한다.

그러한 요양 보호사를 만나는 것은 정말로 어렵고 드문 일일까? 그것이 정말로 어렵고 드문 일이라면, 우리 아버지를 돌보는 케어센터의 요양 보호사분들도 그저 인생의 '막다른 일자리'에 흘러들어 온 최하위 수준의 노동자여야 했다. 그런데 만약 그랬다면, 우리 아버지가 1년 반이라는 짧지 않은 시간 동안 그토록 '재미없다'라는 말을 반복하면서도 센터가 문을 닫는 토요일마저 센터에 가겠다고 우기며 가족을 괴롭히는 일을 왜 멈추지 않는 것일까? 치매란 인지력에 치명적인 손상을 입어도, 감정만은 오랫동안 잃지 않는 병인데 말이다.

요양 보호사들의 인터뷰를 분석한 한 연구에 따르면, 그들 대부분이 노인 돌봄 노동을 "마음의 일"로 표현하며, 이 일을 하기 위해서는 환자에 대한 '사랑'이나 '관심', '정으로 묶이기'가 필요하다고 강조했다.[4] 그중에서도 한 요양 보호사의 말이 잊히지 않는다.

> 어르신들이 치매 환자도 있고 중풍 환자도 있고 막 말기 환자도 있고 그러잖아요. 그러니까 진짜 하루에 열 번씩도 바꿔요. 그러면 스트레스를 받아요. 서로 충돌하고…… 근데 사랑하는 마음을 가지고 내가 돈도 벌지만은 봉사하는 마음을 가지고 그러면 하는 일이 틀려요…… 가서 일하는 거보다 친절하고 사랑을 주는 게 가장 큰 봉사야……. 사랑을 안 주면은 할머니들이 어르신들이 더 뭐랄까 더 난폭해져요. 치매 있는 분들이 훨씬 더 난폭해져요. 그리고 눈치도 많이 보고…… 이렇게 따뜻하게 감싸 주고 그리고 살살 애기 다루듯이 달래 주면 말을 좀 더 잘 들어요.[5]

요양 보호사의 직무 설명에는 환자에게 사랑을 줘야

한다거나 마음을 줘야 한다는 말이 없다. 그것은 원천적으로 돈으로 요구하거나 살 수 없기 때문이다. 그러나 이상하리만치, 돌봄 노동을 전문적 직업 영역에서 훌륭하게 수행하는 사람일수록 자발적으로 사랑이나 마음을 쏟는 이야기를 많이 풀어놓았다. 그래서 인터뷰에 참여한 요양 보호사들은 자신의 일이 돈을 받고 하는 일이기는 해도, "봉사 정신 없으면" 힘든 일이라고 말했다. 심지어 그들은 혈육인 가족이 할 수 없는 일을 대신 해 주는 자식이자, 부모이며, 친구의 역할을 한다고 답하기도 했다.

세상의 많은 이가 요양 보호사들이 궂은일, 더러운 일, 모욕적인 일, 반복적인 일, 하찮은 일을 맡아 하는 것을 두고 그들이 다른 일로는 돈을 벌 수 없기 때문이라고 단정한다. 그런데 세상에는 그런 일에 사랑을 담고, 마음을 담아 정성스럽게 책임을 다하는 '전문 직업인'으로서의 요양 보호사가 적지 않다. 여기에는 사람들이 잘 모르는 것이 있다. 마음을 담지 않고 기계처럼 일하는 것이 '의미를 찾아가는 존재'인 인간에게는 훨씬 더 어렵다는 사실 말이다. 그래서 적은 임금에도 불구하고 여전히 요양 보호 일을 계속하고 있다는 것은 그 일에 돌봄 노동자가 '마음'을 담아내고 있다는 말이며, 이를 통해 의미를 찾아가고 있다는 말이다. 물론 우리 사회는 그 가치를 모르니, 그들이 소중히 담아내는 마음을 기어코 '갈아 내' 버린다.

요양 보호사라는 직업은 전통적 농업 사회에서 가부장의 '아내'가 집안에서 도맡아 했던 재생산 노동들이 산업 자본주의의 노동 시장에서 다양한 '돌봄 노동 직업들'로 세분화하는 과정에서 발생했다. 그러나 요양 보호사는 돌봄 노동 직업 중에 임금이나 사회적 지위가 가장 낮은 편에 속한다. 왜 그럴까? 나는 그 이유가 노인 돌봄 노동이 아이를 양육하거나, 집안을 돌보는 가사 노동에 비해 산업 자본주의가 요구하는 재생산의 가치를 덜 만들어 내기 때문이라고 생각한다. 산업 자본주의 사회에서 재생산 노동이란 노동자가 작업장에서 시장 상품을 만들어 내는 생산 노동을 지속할 수 있도록 지탱해 주는 가사 노동 일체를 뜻한다. 재생산 노동은 생산 노동에 이바지하는 부차적 노동으로 취급되었기 때문에 일반적으로 무급으로 취급하거나 생산 노동의 대가보다 훨씬 적게 그 대가가 주어졌다.

재생산 노동 중에도 집에서 음식을 제공하거나 집을 청소하고 의복을 준비하는 등의 일들은 성인 노동자가 현재의 생산 노동을 극대화하는 데 당장 이바지한다. 이에 비해 시간은 좀 더 걸리지만, 아이를 낳고 양육하는 일 역시 미래의 생산 노동자를 키워 낸다는 의미에서 그 가치가 여전히 중요하다.

그러나 현대 사회에서 노인 돌봄 노동은 어떨까. 노인이 더 이상 전통 농업 사회처럼 지혜를 전수하는 중요 인물이 아니라는 이유로, 현재와 미래에 필요한 생산 노동을 지탱하는 재생산 노동과 거의 무관하게 취급받게 되었다. 이제 '요양 보호사'라는 돌봄 노동직은 공공 일자리를 창출하는 하나의 방법 정도로 논의되는 듯하지만, 그 이면에는 과거에 이윤을 창출했던 생산 노동의 잔해로 남은 존재를 처리하는 '뒤치다꺼리' 노동 정도로 경시되는 현실이 있다. 그러니 요양 보호사 자신도 자기 일의 의미를 찾아내는 데 게으르다 보면, 사회적 편견에 자신을 가두어 '남 뒤치다꺼리하다 내 인생이 끝날 것 같다'라는 자괴감에 빠지기 쉽다. 또 자신이 하는 일을 겨우 치매 환자의 '수발드는 일' 정도로 한탄하는 이도, 결국 자신의 돌봄 노동을 남 옆에서 종속적으로 시중드는 일 정도로 깎아내리기 쉽다. 그렇게 되면, 정말 남들이 고마워해야 하는 일을 하고도, 고마움을 마땅히 표현하는 사람들의 진심을 알아차리기가 어려워진다.

* * *

얼마 전 엄마가 케어센터로부터 전화를 받았다. 그날 아버지가 평소와 달리 난폭해서 진정시키는 데 애를 먹고 있다고 했다. 엄마는 하던 일을 멈추고 아버지를 데리러 케어센터로 달려갔다. 엄마는 센터를 향하는 동안 이제 케어센터에서 아버지를 더 이상 돌볼 수 없을 것 같다고 할까 봐 맘을 크게 조렸다. 그러나 아버지를 배웅하기 위해 함께 따라 나온 요양 보호사는 엄마에게 담당 의사와 상담하면 폭력성을 다스리는 약을 처방받을 수 있다고 알려 주었다.

며칠 뒤 엄마는 약을 받았고, 아버지는 큰 무리 없이 케어센터에 다시 다니게 되었다. 그러다 최근에 아버지가 난폭하다고 엄마에게 다시 한번 전화가 왔다. 그러나 그때 보여 준 요양 보호사의 차분하면서도 전문적인 지도 덕분에, 엄마는 케어센터에서 쫓겨날지 모른다는 공포에 자신을 쉽게 몰아넣지 않았다. 환자를 진심으로 걱정하는 '노인 돌봄 전문가' 요양 보호사의 마음과 돌봄 경험을 이미 많이 신뢰하게 되었기 때문이다.

치매 환자 가족에게 가장 고마운 사람, '요양 보호사'. 그러나 정말로 우리가 그들에게 고마워하기 위해서는 그들의 진심 어린 마음이 노동 시장의 논리로 갈아 넣어지는 비극을 함께 멈춰야 한다. 아이를 낳는 일, 그래서 아이를 돌보는 일은 이제 각자의 선택에 달렸지만, 나이가 드는 일, 그래서 누군가의 돌봄을 받아야 하는 일은 어느 사람도 피할 수 없다. 폴 리쾨르의 말처럼 우리는 모두 "죽을 때까지 살아 있는" 존재로서 자신을, 서로를 돌봐야 할 의무가 있다.

이 의무의 핵심은 돈이 아니라, 진심에 달려 있다. 그 의무에 우리가 서로 진심일 때, 우리는 죽는 날까지 죽지 않고 살아 있는 환자의 존엄만이 아니라, 그 곁에서 더 오래 살아남으며 더 많은 죽음을 목격해야 할 우리들의 존엄도 지킬 수 있다. 그리고 그것이야말로 우리 신앙에서는 하나님을 경외하는 일이 될 것이다. "너는 센 머리 앞에서 일어서고 노인의 얼굴을 공경하며 네 하나님을 경외하라. 나는 여호와이니라"(레위기 19장 32절).

7

돌보는 자의 신학

하나님을 달리 이해해야,
사람도 달리 바라볼 수 있다

그날은 오랜만에 차를 놓고 출근했기에 지하철로 퇴근했다. 집 근처 지하철역에 도착했을 때 시계는 여섯 시 반을 가리키고 있었다. 이미 어둑해진 초겨울 퇴근길, 한차례 이슬비가 내려 아스팔트 거리는 더욱 어두워 보였다. 15분 정도만 걸으면 집에 닿을 수 있기에 퇴근하는 사람들로 북적이는 익숙한 거리에서 나는 머리를 푹 숙이고 걷기 시작했다.

그런데 얼마 지나지 않아, 본능적으로 누군가 스치는 느낌을 받았다. 뒤돌아보니 한눈에 봐도 아버지였다. 늘 그렇듯이 두꺼운 겨울 패딩과 추리닝 바지를 입고 중절모까지 쓴 아버지는 비가 막 그친 터라 우산을 둘둘 말아 한 손에 들고 정면을 응시한 채 열심히 걷고 있었다.

"아버지!"

다행히도 아버지가 그 많은 사람 속에서 내 목소리를 듣고 뒤를 돌아봤다. "아버지 어디 가셔?" 몰라서 물은 질문은 아니었다. 아버지는 케어센터에서 네 시 반 정도 하원하고 집에 들어오면, 엄마에게 인사를 하고는 곧장 산책을 습관처럼 다녀온다. 알츠하이머 환자가 그래도 되느냐고 사람들은 묻겠지만, 감사하게도 아버지는 집에서 지하철역까지 왕복 25분 짧은 코스의 산책길을 아직은 혼자 잘 다녀온다. 물론 아버지가 가족 몰래 집을 나갈 수 없도록 현관문에는 카드를 대야만 열리는 치매용 도어락이 설치되어 있으며, 집에 있는 가족은 아버지의 옷 속에 위치 추적기 앱이 깔린 핸드폰이 들어 있는지 점검한 뒤에만 문을 열어준다. 그러나 아버지가 하루에 한 번만 산책하는 것은 아니다. 뇌의 어떤 부분이 작동을 잘 안 하면 그러는지 모르겠지만, 어떤 날은 바로 전에 다녀온 산책을 잊고 다시 나가는 날이 있다. 그날도 아버지는 그렇게 두 번째 산책을 하던 중이었다.

어디 가시냐는 나의 말에 아버지는 "저기"라고만 말했다. 조금만 더 가면 아버지 산책의 반환점이 나오지만, 날이 이미 어두워진 겨울 저녁을 아버지 홀로 걷게 하고 싶지 않았다. 어쩌면 퇴근길 피곤한 몸으로 아버지의 남은 산책길에 동행하기 싫었던 것일 수 있다. "아버지, 이제 그만 집에 가자. 너무 늦었어요." 아버지는 내 말에 아주 잠시 생각하더니, "그래, 집에 가자"라며 뒤돌아 섰다. 나는 얇은 장갑을 끼고 있는 아버지의 한 손을 잡았다. 얼마 전까지만 해도 사람들이 오해한다며 다 큰 딸의 손을 길거리에서 잡지 않던 아버지는 퇴근길로 붐비는 사람들 틈에서 내가 잡은 손을 뿌리치지 않았다.

그렇게 아버지의 손을 잡고 어둑해진 거리를 빠르지 않게 걷던 중에, 나는 문득 그 느낌이 우리 딸아이 어릴 적에 손잡고 걷던 느낌과 다르지 않다는 생각이 들었다. 어린 딸이 내 손을 잡고 좁은 보폭으로 아장아장 걷던 날처럼, 아버지는 치매 환자의 느리지만 종종거리는 보폭으로 내 손을 잡고 걸었다. 각자 제 갈 길을 재촉하며 퇴근하는 사람들 사이로 누구에게서 오는지 모를 웅얼거림과 차 소리가 낮게 깔리는 무거운 도로를 걸으며 나는 한동안 아무 말도 하지 못한 채 아버지와 함께 걸었다. 아버지가 혹시나 손을 뿌리칠까 걱정하는 마음이 이유 없이 들기도 했지만, 이내 엄마 손을 잡고 걷는 아이처럼 아버지가 나를 믿고 편안하게 걷고 있는 것이 느껴졌다.

"아버지, 나랑 이렇게 걸으니까 좋지?"
"너하고 걸으니까 좋다. 안 무서워."

어릴 적 내가 그토록 의지하던 아버지는 이제 나를 의지하며 길을 걷고 있었다. 그때 내가 슬픔을 느꼈음을 부인할 수는 없지만, 그보다 더 큰 담담함과 평안함이 차분하게 차올랐다. 어떻게 어린아이처럼 퇴행해 버린 아버지 손을 잡고 걸으며 그런 마음이 내게 차오를 수 있었을까?

* * *

철학에서 볼 때, 개인이 경험한 일개 사건에 대한 이해는 그 개인이 속한 사회의 인간관이나 세계관과 연관되어 있을 뿐만 아니라, 그러한 관점들을 관통하는 '존재'에 대한 형이상학적 이해에 바탕을 둔다. '아버지의 질병'과 '질병에 걸린 아버지'를 이해하는 데도 마찬가지였다.

파르메니데스에서 시작하여 플라톤에 이르러 이미 그 기초가 상당히 완성된 서양 주류 전통의 존재론에서는 참으로 존재한다고 말할 수 있는 것은 절대 변하지 않으며 언제나 동일하게 하나로 자립해 있는 존재여야만 했다. 하지만 물질을 입은 것이 어떻게 시간의 흐름을 견디며 절대 변하지 않고 존재할 수 있겠는가. 당연히 '절대 변하지 않는 완전한 존재'는 관념의 세계에서만 가능했고, 플라톤은 '이데아 세계'라는 형이상학적 발명을 통해 그 존재를 설명해 냈다. 서양 전통의 존재론은 플라톤의 제자 아리스토텔레스에 의해 자신은 변하거나 영향받지 않으면서도 만물의 운동의 원인이 되는 '부동의 동자'라는 개념을 추가로 얻으면서 물질세계의 창조와 다양한 변화마저 관념적으로 설명할 수 있게 되었다.

이러한 헬레니즘의 존재론은 기독교 초기 교부들과 중세 신학자들에 의해 수용·발전되면서 불변하는 창조주 하나님에 관한 설명(신론)과 이원론적 경향성을 띤 타락한 인간에 관한 설명(인간론)의 신학적 기초가 되었다. 흔히 말하듯이 고대 헤브라이즘과 헬레니즘의 융합을 통해 기독교 신학 뼈대가 갖춰진 것이다. 그러나 이 과정에서 기독교는 구약성서 전반에 기록된, 인간 역사에 개입하는 인격신에 대한 히브리인들의 신앙이나 인간의 육체를 악으로 규정하지 않았던 히브리의 영육 일체 인간관을 거의 잃어버리게 되었다.

고백하자면 나는 동아시아인임에도 불구하고 서방 교회 확장의 역사 끄트머리에서 그리스도인으로 나고 자랐기 때문에 '참으로 존재하는 것이란 절대 불변하는 완전한 것'이라는 믿음과, 인간 존재의 본질은 정신에 있으며 육체는 열등하거나 악이라는 생각을 은연중에 추종해 왔음을 부인하기 어렵다. 기독교 신학을 정식으로 공부하기 이전부터 이미 나는 교회에서 반복적으로 제공되는 제의와 담화들, 일체의 규범 체계나 훈육·처벌 경험, 신체적 훈련, 미학적 감각 등을 통해 그러한 믿음이나 생각을 차곡차곡 체화하고 내면화해 온 것이다.

문제는 내가 이러한 이원론적 존재론과 인간관의 관점에서 벗어나지 못했더라면, 치매라는 병으로 의존적으로 변해 버린 아버지를 존재론적으로 열등한 존재로 여기거나 신의 뜻에 어긋난 저주받은 존재로 여기며 많이 원망하고 괴로워했을 것이라는 사실이다. 서양의 전통 철학과 신학 관점에서 볼 때, 절대 불변의 완전한 신과 달리 인간은 늙어 가며 의존적으로 변하는 신체와 정신력으로 인해 존재의 열등함을 드러낼 수밖에 없는 운명에 처한 존재다. 그러나 치매는 자연적 노화보다 훨씬 더 빨리 신체와 정신의 퇴행을 가져오기 때문에, 인간 보편의 존재론적 열등성보다는 환자 개인의 특수한 존재론적 열등성이 더 두드러져 보이게 된다. 그는 아무 옷이나 껴입고, 돌아서면 배고프다고 하고, 가족들에게 갑자기 굽신대거나 돌연 폭력적으로 행동하며, 손을 심하게 떨거나 음식을 흘리며 먹고, 밤과 낮을 구분하지 못하며, 대소변을 가리지 못하게 된, 이전과는 완전히 다르게 '변해 버린 존재'이자 남의 도움 없이는 한시도 살 수 없는 '의존적 존재'가 되어 버린다. 그러니 환자의 변덕스러움과 의존성에 대한 짜증은 그를 돌보는 자의 성품이 못났기 때문만은 아니다. 돌보는 사람 개인의 성품이 좋고 나쁨에 따라 표출되는 짜증의 정도는 분명히 다를 수 있지만, 우리는 환자의 변덕스러움과 의존성 자체가 왜 많은 사람에게 짜증을 낼 수 있는 당연한 이유로 여겨지고 있는지 성찰해야 한다. 그 뒤에는 변하는 것에 대한, 의존적인 것에 대한 두려움과 무시의 존재론이 단단하게 버티고 있기 때문은 아닐까?

* * *

퇴근길 아버지의 손을 잡고 걸어오는 그 짧은 순간에 나는 쇠락을 향해 달려가는 아버지의 정신과 신체에 대해 — 주변 사람들의 큰 걱정과 달리 — 어떻게 꽤 담담하고 평안한 마음을 가지게 되었는지 생각해 보았다. 그러고는 이내 내가 취약한 인간에 대한 과한 두려움과 무시에서 한발 물러설 수 있었던 것은-결코 내 개인의 성품이 훌륭해서가 아니라-'절대로 변하지 않는 완전한 존재'에 대한 서양 전통 사상의 존재론과 신론에서 이제는 꽤 벗어났기 때문이라는 것을 깨달았다.

'신학 공부'를 겨우 목사라는 직업을 얻기 위해 피할 수 없는 최소한의 통과 의례로 여기거나, 신앙을 무시하고 이성에 지나치게 경도된 자유주의 신학의 폐단이라고 여기는 사람들은 아주 오래전 서구 교회가 헬레니즘을 흡수하며 만들어 낸 교리에 지나치게 매여 있다. 학문으로서의 신학이 인류 지성사와의 유기적 통섭을 통해 함께 변화하고 성장하는, 살아 있는 인간의 사유 탐구임을 이해하지 못하는 것이다. 더 안타까운 것은 '전통'이라 불리는 교리와 신학이 당시의 시대적 상황에서 얼마나 혁명적이고 생동감 넘치는 신과 인간 존재에 대한 사유였는지를 이해하지 못한 채 문자 그대로 박제하여 그저 의심 없이 확신하는 것을 믿음이라, 신앙이라 착각한다. 바로 이러한 배경이야말로 수십 년간 교회에서 목회를 하고 신학교에서 신학을 가르친 이들 중 적지 않은 이가 '치매'라는 병을 여전히 '불쌍함'이라는 시선 아래 깔보며, 자신은 절대 걸려서는 안 되는 병이라고 생각하는 이유를 설명해 준다고 본다.

현대 신학은 자유주의 신학을 한 주류로 거쳐 오기는 했지만, 결코 그 아류가 아니다. 현대 신학은 생명과 우주에 대한 과학적 탐구와 더불어 신의 세계 창조에 대한 21세기다운 사유를 발전시킨다. 역사를 통해 발전 혹은 퇴보하는 인간 공동체와 그 제도들을 하나님 나라의 정의正意를 근거로 지지하거나 비판하며 인간의 나라에 참여하기도 한다. 나아가 오만한 인간 중심주의에서 벗어나 하나님 창조 사역이 그의 모든 피조물과 온 우주를 위한 것임을 새롭게 설명한다. 그래서 현대 신학은—한마디로 정의하는 것이 불가능하지만—기본적으로 존재론과 신론에 있어서 존재의 본질을 다양성과 변화 가능성으로부터, 그리고 주체성이 아니라 타자성으로부터 설명하는 경향이 두드러진다. 이러한 과정에서 현대 신학자들은 차별받는 소수자나 약자 곁에서 함께 고통당하며 그들의 해방을 위해 함께 싸우는 그리스도론을 펼치거나, 하나님이 만물의 창조를 창세기 1-2장에서 완성하신 것이 아니라 우주와 생명의 진화 과정에서 여전히 계속 진행하시는 것으로 설명한다.

심지어 이 창조의 사역에 그의 피조물들의 참여를 열어 둔 개방적 존재로 하나님을 설명한다. 또한 정신과 육체, 선과 악으로 확고히 나뉠 수 없는 지점에서 생명과 삶의 신비를 전제하는 창조 신앙을 펼쳐 나간다.

현대 신학의 광범위한 발전 속에서 하나님은 그 자체로 '절대 불변의 완전한 존재'로 머물지 않고 스스로 피조물과의 상호 관계 속에 자신을 놓으신 인격적 존재이자, 그래서 피조물로부터 상처받는 위험을 감내하시는 취약한 존재로 설명되곤 한다. 물론, 전통 신학의 관점에서 하나님의 절대적인 전능성을 포기하는 불경한 작업이라고 비판받을 수 있다. 이러한 위험에도 불구하고 현대 신학의 경향이 이렇게 전개되는 것은 기독교의 하나님에 관한 제1의 설명이 전능성이 아니라 사랑임을 부인할 수 없기 때문이다. 다행스럽게도 이러한 사랑은 히브리인들의 삶에 개입하시고 배신당하시며 다시 희망을 거시기를 반복하는 구약성서의 하나님과, 인간의 몸을 입고 태어나 십자가에서 죽기까지 여느 인간이 당하는 고통을 피하지 않으셨던 성육신의 예수 그리스도, 그리고 인간의 나라에서 하나님 나라의 원칙으로 고군분투하는 이들과 함께하는 성령의 사역에서 언제나 동기이자 목표 그 자체이기도 하다.

변화 가능성과 취약성, 그리고 상호 관계성에서 다시 쓰는 현대 신학의 존재론과 신론 위에서 치매 환자의 존재는 더 이상 저주받거나 열등한 존재로 해석될 수 없다. 그는 '죽음만을 남겨 둔 절망스러운 존재'가 아니라, '죽을 때까지 살아가는 존재'로서 날마다 취약하게 변해 가는 그의 몸과 정신이 그에게는 의존 속에 돌봄을 받을 수 있는 축복을 주고, 타인에게는 돌봄을 제공하며 의존할 수 있는 축복을 준다. 그렇기에 집으로 돌아가는 길, 아버지도 나의 손을 잡고 무섭지 않았지만, 나도 아버지의 손을 잡아 세상에 우쭐대지 않을 수 있었다.

* * *

현대 철학자 카트린 말라부Catherine Malabou는 알츠하이머에 걸린 할머니가 이전과는 완전히 다른 인격으로 변해 가는 것을 지켜보며, 자본주의 사회가 치매 환자를 '존재 역량'이 축소되거나 상실된 것처럼 취급하는 것을 철학적으로 비판해 낸다. 말라부에 의하면, 현대 사회는 노동 시장의 '유연성'이나 시장의 '회복력'과 '탄력성', 생산의 '창조성' 등과 같은 자본주의 사회만의 특수한 현상들을 시간이나 공간을 초월하여 언제 어디서나 '자연스러운 것'처럼 오인하게 하는 이데올로기 작업을 교묘히 펼쳐 나가는데, 이 과정에서 '외부적 요인으로 변화하는 물질이나 생명 현상'을 지시하는 데 사용되는 과학 용어 '가소성'plasticity이라는 말이 '회복력'이나 '탄력성'과 같은 단어와 상호 교차적으로 사용되었다고 비판했다. 실제로 뇌 과학에서는 신경 기관의 능력이 태생적으로 타고나는 것이 아니라 뇌세포들 사이를 연결하는 화학 물질의 영향에 따라 변할 수 있다는 점을 '가소성'이라는 말로 설명한다. 이러한 관점에서 접근하는 연구들은 손상된 뇌 기능이 학습이나 약물로 증강되거나 탄력적으로 회복되는 경우를 과도하게 낙관하는 연구를 진행하며 의료 상업화에 치중한다.

그러나 인간 뇌의 가소성을 회복성이나 탄력성 관점에서만 접근하는 자본주의 상황 속에서, 말라부는 이전의 상태로 뇌 기능이 돌아갈 가능성이 거의 없는 알츠하이머 환자들이 노동 시장에서 낙오된 실업자들이나 기초 생활 수급자처럼 사회적 요구에 유연하게 적응하며 존재할 수 없는, 즉 '존재 역량'이 손실된 존재로 취급된다고 비판한다.

혹자는 뇌 기능이 손실되어 자기 존재를 사회적으로 제대로 펼칠 수 없는 것이 알츠하이머 환자가 처한 어쩔 수 없는 상태가 아닌지 의문이 들 것이다. 인격과 신체 능력이 급격히 퇴화하는 환자의 존재를 어떻게 이 급변하는 사회 속에서 다른 사람들과 똑같이 활동하는 존재로 대접할 수 있겠느냐는 의심을 놓을 수 없는 것이다. 그러나 철학의 위대함은 같은 현실을 다르게 명명함으로써 새롭게 실천할 가능성을 열어 준다는 데 있다. 말라부는 알츠하이머 환자의 뇌는 오늘날 학습 증강이나 회복력, 탄력성과 거의 같은 의미로 사용되는 '가소성'이라는 말로는 제대로 설명될 수 없다고 보았다. 치매는 환자를 "오히려 기존의 정체성을 파괴하고 새로운 정체성"을 지닌 완전히 낯선 사람으로 만들어 내기 때문에 '파괴적 가소성'destructive plasticity 이라는 새로운 말을 붙였다.[1] 그러나 그가 이를 '파괴적'이라고 불렀다고 해서, 알츠하이머 환자의 정체성 변화를 부정적으로 묘사한 것은 아니다. 그는 포스트 휴먼의 도래를 내다보며 알츠하이머 환자가 이전의 자기를 파괴하는 대신, 인공 기기나 장비와 더불어 자신의 존재를 새롭게 재구성해 나갈 수도 있음을 희망적으로 내다보았다.

물론 아직까지 알츠하이머 환자의 정체성을 새롭게 구성할 만한 인공 기기나 장비가 발명되지는 않았다. 그러나 나는 증세에 따라 주치의가 처방해 주는 약을 먹으며 변화하는 아버지의 인격과 신체를 매일매일 경험하는 중이다.

매일매일 달라지는 정신과 육체의 상태 속에서 자기를 파괴하고 낯선 존재로 나타나는 아버지는 그를 돌보는 엄마와 나, 가족을 당황스럽게 하기도 한다. 이제 그는 어제는 아들을 알아봤는데 오늘은 아들을 몰라보는 존재가 되었다가, 내일은 다시 알아볼 수도 있는 아버지가 되었다. 그는 아침에는 나를 이쁜 딸이라고 했다가 점심에는 나쁜 애라고 했다가, 다시 저녁에는 자기 때문에 고생해서 미안하다고 말하는 아버지가 되었다.

* * *

이러한 변화를 우리는 어떻게 이해하며 치매 환자와 더불어 살 수 있을까? 생성과 변화의 철학자로 불린 고대 그리스 철학자 헤라클레이토스의 가르침처럼 "만물은 끊임없이 투쟁하며 변한다"라는 말에 의지하여 환자의 예측 불가능한 변화를 그저 내버려둘 수밖에는 없을까? 헤라클레이토스의 사상은 변화의 무한성과 투쟁의 관점에서 만물의 원리를 이해하는 유물론에 가깝다고 할 수 있다. 유물론적 관점에서는 물질 변화의 작용 원인은 있지만, 그 변화가 지시하는 궁극적 의미를 찾는 일은 무의미하다.

그러나 기독교 신앙은 치매 환자가 보여 주는 자기 파

괴적으로 변화하는 정체성을 다르게 이해할 수 있다. 기독교 신앙은 만물의 변화가 우연한 투쟁 속에서 생긴다고 보지 않는다. 또 그 변화에는 시작이 있고, 끝이 있다고 믿는다. 시작과 끝 사이의 과정으로서 만물을 변화시켜 나가는 하나님의 창조 사역을 이해하는 것이다. 이러한 역사 이해 속에서 우리는 그리스도인으로서 인간 존재의 보편적 취약성과 상호 관계성을 인정하며, 타인의 도움 없이는 삶의 기본적 기능과 활동을 수행할 수 없는 치매 환자를 더 잘 이해할 수 있다. 그는 존재의 사다리 아래로 추락한 열등한 존재가 아니라, 돌봄을 통해 그를 만나게 될 타인들에게 하나님이 창조하신 존재들의 가치를 완전성이나 생산성의 측면에서 함부로 깎아내리지 않도록 하는 지혜를 선물하는 존재다.

이 선물을 제대로 받기 위해서는 '돌보는 자'가 갖추어야 할 중요한 능력이 있다. 아마 많은 이가 '아버지로서' '어머니로서' '배우자로서' 온전했던 환자의 과거 모습을 계속 상기하는 능력을 꼽을 것이다. 그가 어떻게 나를 키워 냈는지, 어떻게 나와 함께 살았는지 잊지 않는다면 그를 돌볼 수 있는 인내심이 조금은 더 생길 수 있다고 믿기 때문이다. 그러나 이렇게 기억에 기대어 돌볼 수 있다면,

그 환자와 돌보는 가족은 모두 축복받은 사람일 것이다. 부모나 배우자가 다시는 기억하고 싶지 않을 만큼 끔찍한 존재로 각인된 사람들이 세상에는 적지 않다. 그래서 돌보는 이에게 필요한 능력은 기억력이 아니라 상상력이다.

휴머니즘 자체도 타인에 대해 상상하게 만들지만, 나는 기독교 신앙이 주는 타인에 대한 상상력을 더 많이 기대한다. 이것은 내 손을 잡고 걷는 아버지에게는 하나님의 형상이 담겨 있으며, 하나님 나라가 온전히 임하는 마지막 날 그는 내가 이제까지 경험하고 현재 대면하고 있는 '아버지'의 모습 너머 새 사람으로 나를 만날 것이라는 희망의 상상력이다. 부활이 없다고 의심하는 사두개인들에게 예수는 말씀하셨다. "너희가 성경도 하나님의 능력도 알지 못하므로 오해함이 아니냐. 사람이 죽은 자 가운데서 살아날 때에는 장가도 아니 가고 시집도 아니 가고 하늘에 있는 천사들과 같으니라"(마가복음 12장 24-25절).

부활에 대한 소망의 상상력은 점괘를 읽어 주는 이와는 달리, 부활한 자에 대한 정보를 구체적으로 주지는 않는다. 그러나 내가 한 번도 만나 보지 못한 '천사처럼' 내 모든 상상력 너머로 가장 '그/녀답게' 변하게 하실 하나님에 대한 상상력을 피워 낼 수 있다면, 나는 아버지의 손을 잡고 가는 지금, 이 순간을 참담한 절망보다는 궁극적 소망으로 버텨 낼 수 있을 것이다. 솔직히 아버지와 손잡고 가는 길이 엄청 기쁘고 행복하다고 말하는 것은 나를 속이는 말일 것이다. 그러나 나는 그에 대한 부활의 상상을 통해 적어도 담담하고 평안하게 이 길을 가고 있다. 비록 자주 넘어지지만.

8

똥의 신학

접촉을 허락하실 때까지

누구나 늙는다. 그러나 치매 환자의 노화 속도는 훨씬 빠르다. 4년 전 합가했을 때와 비교할 수 없을 만큼 알츠하이머는 아버지의 삶을 잠식하였다. 이제 아버지는 절대 혼자 집 밖에 나갈 수 없고 집에 혼자 있을 수도 없다. 언제부터인가 세 단어 이상의 문장을 완성하지 못해 거의 입을 닫아 버렸다. 이제는 일주일 내내 스무 종류의 단어도 채 입 밖에 내지 않는 것 같다. 여느 치매 환자처럼 방금 식사한 것을 감쪽같이 잊어버리지만, 식욕 자체가 크게 줄어 몸이 너무 말라 버렸다. 얼마 전까지만 해도 한 모금의 물로도 알약 여섯 일곱 개를 단숨에 삼킬 수 있었지만, 최근에는 약을 삼키는 법을 잊어버려 그 쓴 약을 입에 한참을 물고도 물 한잔 달라고 하지 않는다.

아내를 '여보'나 '당신'으로 부르는 것보다 '엄마'라고 부르는 날들도 훨씬 많아졌다. 다행히 내 존재를 여전히 잊지 않고 '이쁘다'며 얼굴을 쓰다듬거나, 반대로 남들에게 내지 않는 짜증을 쉽게 내며 나를 가장 편하게 대한다. 하지만 슬프게도 '우리 딸'이라거나 '혜령아'라고 정확하게 호명하지는 못한다. 이럴 줄 알았으면 내 이름을 부르던 그 많은 순간 중 하나를 영상에 담아 놓았을 텐데, 마지막이 언제인지도 모르게 이미 놓쳐 버렸다. 요즘은 더 이상 들을 수 없는 아버지의 목소리를 기억 속에서 더듬다가 울컥 올라온 감정에 마음이 자주 흔들린다.

어제나 오늘이나 아버지는 늘 똑같이 내 존재의 바탕이지만, 알츠하이머 모범생 아버지는 한 단계 한 단계 심화하는 병증의 과정을 충실하게 겪으며 신체적으로, 지적으로 그리고 인격적으로 4년 전과는 완전히 다른, 새로운 존재가 되었다. 그렇게 흐른 시간은 아버지에게도 치매의 대표적 증상인 대소변 실금을 조금씩 가져다주었다.

한국 사회에서 대소변 실금은 환자의 '삶의 질'뿐만 아니라, '존재의 지속성과 안정성'까지 위협하는 가장 심각한 치매 병증으로 취급받는다. '벽에 똥칠할 때까지' 사는 삶을 수치로 여기거나 심지어 혐오하는 것을 일상의 언어로 수없이 학습하며 내면화하는 우리 사회에서 대소변 실금은 이제 더 이상 환자가 자기 집에서 가족과 살기 힘들게 되었음을 판단하는 보편적 기준이 되었다. 실제로 온라인의 요양원 광고에는 "치매 환자의 대소변 실수, 요양원 입소를 적극 고려하세요"라는 문구를 쉽게 찾아볼 수 있다. 동시에 가끔 뉴스 헤드라인을 차지하는 치매 노인 학대 사건 상당수가 대소변 실금의 처리 문제와 관련 있다는 사실을 기억하면, 우리 사회에서는 대소변 실금 자체가 환자의 안위를 위협하는 가장 흔한 원인임을 짐작할 수 있다.

* * *

아버지가 케어센터에서 대변 실금을 처음 한 날, 나는 한없이 무너져 내리던 엄마의 마음을 목격해야만 했다. 오후 다섯 시쯤 센터 차량을 통해 하원하는 아버지를 맞이하러 나간 엄마가 근심 가득한 얼굴로 묵직하게 묶여 있는 검은 비닐봉지를 들고 왔다. 그게 뭐냐고 묻는 내게 엄마는 내 눈도 마주치지 않고 '아버지가 바지에 실수했대'라며 화장실로 곧장 들어갔다. 아버지가 얼마 전부터 잠자리에서 소변 실금을 하는 날이 생기기는 했지만 낮에 그런 적은 없었기에, 그날도 아버지는 평소처럼 일반 속옷 차림으로 케어센터를 갔다. 미리 요실금 팬티를 챙겨 입기 시작했더라면 그렇게 대변이 잔뜩 묻은 옷을 둘둘 말아 '배달'받는 일은 없었을 테지만, 치매 환자의 대변 실금은 그렇게 아무도 기다리지 않는 틈을 타 불쑥 일어났다.

　엄마는 화장실에서 옷에 눌어붙은 대변을 한참 동안 제거했는데, 나는 그 역겨운 냄새를 참기가 어려웠다. 찌그러진 엄마의 표정도 냄새 때문이라고 생각했다. 아버지가 대변을 실금했다는 사실이 충격적이기는 했어도, 치매의 한 증상이니 아버지에게도, 우리에게도 그날이 결국 시작됐다고 그렇게 건조하게 받아들였기 때문이다. 그러나 이내 나는 엄마가 나보다는 훨씬 복잡한 생각과 그로 인한 걱정에 마음이 크게 무너졌다는 사실을 알게 되었다. 그것은 수십 년을 아버지와 '일심동체'로 믿고 살아온 결과로 느끼는 '수치심'의 동일화가 만들어 낸 자존감의 붕괴였다. 동시에 대변 실금의 '처리'를 문제 삼아 아버지가 센터 출석을 거부당할지 모른다는 두려움의 압도이기도 했다.

　엄마의 마음을 눈치챈 나는 센터로 전화를 걸었다. 아버지의 대변을 처리해 준 요양 보호사에게 미안한 마음과 감사한 마음을 빨리 전해서 혹시나 있을지 모를 센터 '퇴출'에 선제적으로 대응해야겠다고 본능적으로 생각했던 것 같다. 그런데 전화를 받은 치매 돌봄 서비스 책임자는 너무나 단순해서 놀랄 수밖에 없는 대답을 했다.

> "미안하긴요. 대소변 실금을 도와드리는 것은 저희 일 중 하나예요. 요양 보호사들 모두 그 일이 당연한 업무라고 생각해요. 그러니 너무 미안해하지 마세요."

여전히 많은 사람이 '요양 보호사'라는 직업은 타인의 대소변을 처리해야 하는 곤욕스러운 일을 주 업무로 하기에, 특별한 기술이나 자격이 없는 사람들이 생계를 위해 어쩔 수 없이 떠밀려 하게 되는 3D 노동직*이라 생각한다. 늘 남들과 다르게 생각하기 위해 노력해 온 나도 실제로 속마음은 별반 다르지 않았다. 적어도 대소변을 처리해야 하는 일, 그 일 자체만을 놓고 볼 때 '요양 보호사'는 어느 사람도 기꺼이 자원해서 할 수 있는 일이 아니라고 단정했었다. 그래서 더 미안했던 것 같다. 누구나 기피하는 일을 생계를 위해 어쩔 수 없이 해야만 하는 굴욕적 상황이라고

• 더럽고(Dirty), 위험하고(Dangerous), 어려운(Difficult) 노동을 지칭하는 용어.

함부로 짐작한 것이다. 그러나 센터 책임자의 대답을 듣고서 요양 보호사라는 직업인이 돈 때문에 어쩔 수 없이 떠밀려서 그 일을 하고 있다고 생각하는 것이야말로, 내 마음속에 숨은 '타자'에 대한 인식의 폭력임을 깨달았다.

그것을 깨달으니, 실제로 엄마 친구분 중에 생계 문제가 전혀 없는데도 방문 요양 보호사로 일하며 치매 환자를 정성껏 돌보는 분이 떠올랐다. 하지만 설령 생계 때문에 어쩔 수 없이 보호사로 일하는 분이 있다고 해도, 내 인식의 폭력이 정당해지지는 않는다. 세상의 많은 직업인이 생계를 위해 마음에 내키지 않는 일을 해야 하지만, 막상 일하는 과정에서 직업적 소명을 찾고 노동의 강제성을 자율성으로 기꺼이 바꿔 놓는다. 대소변의 처리를 당연히 자기 업무의 일부로 받아들이며 환자와 가족에게 '미안할 필요가 없다'라고 말하는 요양 보호사야말로 노동의 강제성을 자율성으로 바꿀 수 있는 가장 지혜로운 생활인이라는 생각이 들었다.

이 생각의 끝에 나는 치매 환자의 대소변을 처리하며 돌보는 가족이나 요양 보호사의 노고에 단순히 감사하기보다, 왜 우리 사회에는 대소변 실금에 대한 혐오가 만연한지 비판적으로 생각해 봐야 할 필요성을 느꼈다.

* * *

왜 우리는 대소변 실금을 혐오하는가? 면밀하게 따져 보면, 여기에는 두 종류의 혐오가 뒤엉켜 있다. 겉으로 드러나기에는 대소변 자체에 대한 혐오가 큰 비중을 차지하지만, 그 이면에는 대소변을 스스로 조절하지 못하는 비주체적 존재에 대한 혐오가 숨어 있다.

인간의 배설물에 대한 혐오를 먼저 따져 보자. 사람 간 교류에 전면적인 어려움을 겪던 코로나 시기에 태어나 전 국민의 위안이 되었던 푸바오 덕분에, 판다는 엄청난 대식가임에도 '고구마'라고 불릴 만큼 모양도 이쁘고 냄새도 향긋한 똥을 눈다는 사실이 널리 알려졌다. 그러나 인간의 배설물은 다르다. 잡식성 동물의 특성상 수백 종의 미생물이 장내에 살면서 소화 흡수 과정에 직간접적으로 관여할 뿐만 아니라, 화력과 발효를 다루는 찬란한 요리 문명의 결과로서 인간의 배설물은 지상의 그 어떤 동물의 배설물보다 강한 냄새를 풍긴다. 역겨움을 부르는 강한 냄새는 우리가 왜 배설물에 대한 혐오를 재고할 가치도 없는 것으로 당연하게 여기는지 명백한 증거가 된다.

실제로 인간 배설물에 대한 인간 자신의 혐오적 태도는 그 기원을 알 수 없을 만큼 오래됐다. 유대교 경전으로서의 신명기에서는 하나님이 전쟁에 나간 이스라엘 백성에게 진영을 거룩하게 하도록, 변소는 진영 밖에 마련하고 거기서 '불결한' 대변을 땅을 파서 묻을 것을 명령하신다(신명기 14장 12-14절). '정결'에 대한 가르침이 훨씬 강하게 발달한 이슬람교에서는 배설물을 부정적으로 보는 가르침도 매우 세세하게 발달했는데, 무함마드 자신도 용변을 보고 화장실에서 나올 때 "오, 알라시여, 용서를 구합니다"라고 기도했다는 무슬림 전승이 있다.[1] 불교 경전 『무문관』에서는 "부처가 무엇입니까?"라고 묻는 수행자에게 운문 스님이 "똥 묻은 막대기야"라고 말하며, 진리라고 생각되는 어떤 것에도 집착하지 않는 것이 불교의 궁극적 가르침임을 보여 준다. 그런데 이 비유 자체가 지시하는 내용과는 별개로, 똥이 묻어서 막대기가 더럽고 하찮아졌다는 사실이 전제되어 있다.[2]

이쯤 되면 더러운 것을 더럽다고 말하고 싶은 감정을 솔직히 표현하는 것을 두고 굳이 '혐오'라고 명명하려는 작업이 마음에 들지 않을 수 있다. 만에 하나, 배설물에 대한 부정적 감정을 혐오라고 인정할 수 있다고 해도, 우리가 대변을 갑자기 깨끗한 것처럼 여기고 그 냄새를 향수로 만들어 몸에 바르고 다닐 수 있겠느냐고 반문할 것이다. 물론 우리가 싫어하고 접촉을 배제하는 어떤 것에 대해 '혐오'라는 개념을 붙여 반성적 고찰을 할 수 있다고 해서, 갑자기 싫었던 것이 좋아지거나 접촉을 즐기게 될 수는 없다. 그러나 적어도 우리는 '혐오'라는 말을 통해 그 대상에 대한 우리의 부정적 반응과 생각이 과연 정말로 당연한지 다시 따져 볼 기회를 얻는다.

『혐오와 수치심』(민음사)의 저자 마사 누스바움Martha Nussbaum은 인간 사회의 차별과 폭력의 근원적 감정으로서 '혐오감'의 기원을 추적하며, 인간 진화의 과정에서 혐오감이 개인과 집단을 보호하는 데 일정 부분 이바지했음을 인정했다. 누스바움에 의하면, 인류는 시체나 벌레, 그리고 배설물처럼 질병이나 전염병을 전파할 수 있는 위험 요소들에 대해 구토나 메스꺼움, 냄새에 대한 불쾌감 같은 극도의 즉각적인 신체 감정을 본능 수준으로 체화하면서, 의료나 과학이 발달하기 이전부터 개인과 집단을 나름대로 보호해 왔다. 즉 혐오감을 통해 위험 요소에 대한 기피와 거부를 쉽게 발생시키고, 그 대상과의 접촉과 오염을 선제적으로 방지하는 집단 감각을 발전시켜 온 것이다.

그러나 혐오감의 유용성은 과학의 발전과 함께 그 효력을 크게 잃었다. 인류는 어떤 미생물이 질병이나 전염병을 유발하는지, 또 어떠한 의약품과 의술을 통해 예방하고 치료할 수 있는지 분별하는 엄청난 양의 지식과 기술을 축적했다. 특히 배설물과 관련해서 세계 대부분의 도시는 도시민의 오물을 안전하게 하수 처리 하는 기술과 제도의 통치 체제를 갖추었다. 그러니 위험 요소를 선제적으로 기피하기 위해 역겨움이나 혐오감까지 발동시키면서 원천적으로 배제하고 배척할 객관적 이유가 상당 부분 해소된 것이다. 다시 말해, 현대인이라면 대소변에 대한 부정적 반응들이 일종의 문화적 산물이며, 문화의 발전에 따라 변화할 수 있다는 사실을 논리적으로 파악할 수 있어야 한다.

* * *

오랫동안 대소변은 생명 현상을 논할 때 드러내 놓고 말하지 않는 기피 대상이었지만, 사실 배설은 모든 생명체의 피조물성을 가장 명확하게 드러내는 결정적 현상이다. 그것은 자생과 자족이 불가능한 피조물이 하나님이 창조하신 세계에서 다른 동물이나 식물을 섭취하고 소화하는 과정을 통해 필요한 에너지를 얻고 신체 조직을 재생하는 과정에서 생산되는 물질이 배출되는 자연스러운 현상이다. 즉, 대소변은 '생육하고 번성하라'라는 창조주의 명령이 실행되며 지상의 생명들이 하나로 연결된 그의 피조 세계의 구성원임을 현상적으로 증거한다.

대소변은 피조물의 유한성을 드러내는 현상이기도 하다. 아무리 탐욕적인 피조물이 있다고 해도, 생존을 위해 섭취한 하나님의 다른 피조물들을 자기 몸 안에 완전히 축적하거나 가둬 둘 수 없다. 그는 하나님의 창조 세계 전체를 섭취할 수도 없을 뿐만 아니라, 일부 섭취한 것도 완전히 자기 것으로 만들 수 없다. 피조물은 다른 피조물들을 섭취하고 소화하는 이화작용異化作用으로 확보한 미세 영양소들을 근육으로 재생하는 동화작용同化作用을 통해 자기 존재를 무한히 확장하고 영원히 지속하려는 욕망을 실현해 보려 하지만, 다른 피조물들을 전적으로 자기 존재 안에 동화시킬 수 없다. 언제나 동화되지 않고 버티는 것들이 남고, 그것들이 대소변으로 반드시 배출되어야 피조물은 살 수 있다. 그러니 대소변은 자기 존재를 무한히, 또 영원히 확장할 수 없는 피조물의 유한성을 결정적으로 드러내는 증거다.

그래서 지혜로운 자들은 생체 리듬을 맞춰 찾아오는 대소변에 대해 거부감이나 원망보다는, 안도와 감사의 마음을 품는다. 대소변을 보는 것은 아직 죽지 않고 살아 있는 존재라는 명백한 증거이기 때문이며, 그의 신체가 개체 피조물로서 자기 존재의 명백한 한계를 매 순간 겸손하게 증거하고 있음을 깨닫고 있기 때문이다. 이러한 지혜는 우리에게 완전히 새롭거나 낯선 것이 아니다. 우리는 자기 대소변에도 쉽게 역겨워하지만, 어린 자식의 기저귀에 코를 킁킁대며 흐뭇한 미소를 짓는다. 이러한 이중적 태도야말로 대소변 혐오가 더러움의 문제 자체가 아니라, 우리 인식의 문제임을 명백하게 보여 준다. 그러나 정확히 말해서 이러한 인식은 단순히 과학적 관점이 주는 객관적 지식만으로 얻을 수 있는 것이 아니다. 부모와 아이의 '라포'raport처럼, 인격적 돌봄의 관계가 만들어 내는 인식의 전향이 필요하다. 신학은 전통적으로 그것을 '사랑이 주는 앎'이라고 불러 왔다.

사랑해야 알 수 있는 것이 있다. 물론 그 사랑은 치매에 걸린 사람과 돌보는 사람의 관계에 따라 다른 이름으로 정의된다. 부부라면 부부 사랑일 것이고, 부모와 자녀의 관계라면 부모 사랑일 것이고, 환자와 요양 보호사의 관계라면 인류애라고 불릴 것이다. 그러나 경험에서 마주하는 사랑은 안타깝게도 너무 나약하다. 대등한 두 인격체로 시작한 부부 사랑만으로는, 늘 받는 데 익숙했던 자녀의 부모 사랑만으로는, 그리고 환자를 돌보는 인류애적 직업의식만으로는 매일 여러 차례 반복되는 대소변의 노동에서 혐오를 완전히 걷어낼 수가 없다. 노동의 독박, 무너지는 일상이 돌보는 자의 사랑을 소진한다. 대소변 실금 환자는 이제 사랑의 '상대방'으로서 사랑을 충분히 되돌려 주지 못하기 때문이다.

신학의 역할이 여기에 있다. 사람과 사람 사이 상호적 사랑의 균형이 깨진 자리에서 신학은 사람과 하나님의 사랑을 기억하게 한다. 신학자 아우구스티누스는 우리가 하나님과 사랑으로 결합될 때 하나님이 주시는 빛의 조명으로, 육의 눈이 아니라 영원한 이성의 눈으로 진리를 알게 되며, 그때가 가장 복된 순간이라 했다. 하지만 신학은 너무 추상적인 관념들의 집결이어서 무슨 말인지 정확히 알기 어려울 때가 많다. 대소변도 육의 눈이 아니라, 영원한 이성의 눈으로 볼 수 있다는 말인가? 도대체 어떻게? 나는 정호승 시인의 "새똥"이라는 시를 읽다가 그 가능성을 보았다.

길을 가다가

길바닥에 새똥이 떨어져 있는 것을 보면

그래도 마음이 놓인다

    인간의 길에도
    새들이 똥을 누는 아름다운 길이 있어
    그 길을 걸어감으로써
    나는 오늘도 인간으로서 아름답다

시를 다시 고쳐 보자.

    곁을 지키다가
    기저귀에 똥이 가득 찬 것을 보면
    그래도 마음이 놓인다
    인간의 세계에도
    똥을 가리지 못하는 아름다운 이가 있어
    그 기저귀를 갊으로써
    나는 오늘도 인간으로서 아름답다

    하나님의 사랑으로 병든 자 곁을 지키는 사람은 그에게 드리운 죽음의 그림자 속에서도 마지막까지 생명을 주관하시는 창조주의 은혜를 볼 수 있다. 그의 은혜가 병든 자의 나약해진 근육과 장기, 초점을 상실한 눈빛에도 불구하고, '지금' 숨을 쉬고, 물을 마시며, 음식을 소화하고 결국 배출하게 하기 때문이다. 욕망과 의지가 만드는 모든 노력이 사라진 병상의 환자에게서 자신이 정한 시간에 따라 생명을 주관하시는 창조주의 계획이 아직도 실행되고 있다. "비극일 뿐"이라고 사람들이 혀를 차는 순간에도, 창조주는 미약해진 사람의 식도와 장기, 혈관을 따라 미세하게 자기 뜻을 계시하신다. "그에게 아직 생명이 있다!" 심지어 더 사는 것이 의미 없음을 세상 사람 모두가 인정하는 순간에도, 병든 자 곁을 지키는 사람만은 창조주의 계시를 들을 수 있다. "그에게 아직 생명이 있다!" 그래서 중증의 치매 환자 곁에서 음식을 애써 먹이고 대소변 처리를 담당하는 이는 단순히 환자를 돕는 것이 아니다. 약해진 자들의 생명을 미세하게 주관하시고, 추함을 해체하고 아름다움을 만드시는 하나님의 일에 참여하는 것이다. 기저귀를 갈고 깨끗하게 목욕한 환자에게서, 또 그와 눈을 마주치며 "이제 개운하죠?" 하고 말을 건네는 돌보는 이에게서 하나님의 아름다움을 볼 수 있는 자라면, 이제 그는 자신에게서도 하나님의 형상에 가장 가까운 '인간다움'을 되찾는 은혜를 누릴 수밖에 없다.

하지만 솔직해야 한다. 새로운 신학이 아무리 치매 환자의 기저귀 가는 일로 하나님의 아름다움에 참여할 수 있다고 설명할 수 있더라도, 배설물에 대한 역겨운 반응이 완전히 사라지지는 않는다. 신학은 이해를 도울 뿐, 기적을 만들지 못한다. 역겨움이라는 집단적 신체 반응을 통해 인류는 '배제'와 '차별'의 질서를 너무나 오랫동안 작동시켰고, 그렇게 '나'와 '우리 집단'의 생존과 번영을 우선으로 지키기 위해 약한 자들을 배제하며 하나님이 창조하신 첫 사람의 본성과 이성을 뿌리까지 부패시켜 버렸다.

'지금' 신학이 설명할 수 있는 '하나님의 사랑'은 배설물마저 당장 깨끗하게 보도록 하지는 못한다. 여전히 '아직은' 더럽고, 역겹다. 다만, 하나님의 사랑에서 돌봄을 시작하는 사람들은 배설물을 역겹다고, 아니 배설물을 통제하지 못하는 병자를 더럽다고 쳐내는 인간 사회의 어리석음과 포악함을 문제 삼고 맞설 수 있다. "늑대가 새끼 양과 어울리고 표범이 숫염소와 함께 뒹굴며 새끼 사자와 송아지가 함께 풀을 뜯으리니 어린아이가 그들을 몰고 다니"는 '그때'가 올 때까지(이사야 11장 6절), 그래서 배설물 그 자체만으로도 모든 피조물의 생명을 주관하시는 창조주의 사역을 온전히 찬양할 수 있는 '그때'가 올 때까지, 역겨움을 견디며 병상 곁을 지키는 자에게는 복이 있다! 하지만 불행히도 그 복은 한 인간이 감당하기에 너무 커서, 그를 해할 수도 있음을 기억해야 한다. '그때'가 올 때까지 역겨움을 견디는 노동이 독박 노동이 되지 않도록 가족 복지와 돌봄 노동 시스템을 우리 사회가 개선하지 않는다면, 복을 감당하지 못하는 자들이 저지르는 병상에서의 학대를 양산하게 될 것이다. 비극이 있다면, 이것이 진짜 비극이다.

* * *

지금까지 인간 배설물에 대한 혐오를 되짚어 보았다. 그러나 대소변 실금 혐오에는 '대소변을 스스로 통제하지 못하게 된 상태'에 대한 혐오가 더 뿌리 깊게 박혀 있음을 부인할 수 없다. 아버지가 대소변 실금을 시작한 이후에도 나는 아버지의 상태를 묻는 지인들에게 상황을 숨김없이 말해 주었다. 흥미로운 것은 이들 대부분의 반응이 어김없이 두 부류로 나뉜다는 점이었다. 대소변 처리를 감당하는 어머니에 대한 따뜻한 위로의 말, 그리고 혹시나 자신의 노년도 대소변을 가리지 못하는 상태에 처하게 될까 하는 걱정의 말이었다.

    우리 사회에는 확실히 '대소변을 가리지 못하는 상태'에 대한 공포가 존재한다. 나는 그 원인을 '주체적 인간'에 대한 서구 근대 문명의 판타지가 우리 사회를 단단히 장악하고 있기 때문이라고 생각한다. 그 시작에는 인간에게서 '자율적 도덕 주체성' 개념을 고안해 낸 이마누엘 칸트 Immanuel Kant가 있지만, 최소한 '대소변'과 관련된 주체성은 지크문트 프로이트 Sigmund Freud의 영향이 압도적으로 크다고 할 수 있다.

많이 알려진 것처럼, 프로이트는 인간의 성격 발달을 총 5단계(구강기, 항문기, 남근기, 잠복기, 생식기)로 나누었다. 그의 이론에 따르면, 아이는 만 2-3세 시기에 항문기를 거치면서 배변 활동을 스스로 통제하는 훈련을 받게 되고 사회적 규범의 기초를 습득한다. 프로이트는 바로 이때를 자아가 형성되는 시기로 지목하며, 인간의 자아가 선험적으로 존재한다고 전제해 왔던 서양 철학과 신학의 전통에서 벗어난다. 그런데 노년의 치매 환자가 배변 통제 능력을 상실할 즈음, 자아에 대한 인식도 상당히 손실된다는 점을 상기해 본다면, 대소변 실금에 대한 공포는 근본적으로 주체적 자아 상실의 공포와 연결되어 있다는 주장이 가능해 보인다.

하지만 프로이트의 성격 발달 이론 theory of personality development은 청소년기에 해당하는 12세 이후 몇 년을 생식기로 설명함으로써 발달 과정에 대한 설명을 멈추기 때문에, 배변 통제와 자아 발달, 그리고 대소변 실금과 자아 상실 사이의 관련성을 적극적으로 확대하여 설명을 펼치기 어렵다. 아마도, 프로이트는 욕망의 성장과 발현이 생생하게 살아 있는 '주체적 인간'만이 인간 본연의 모습을 담고 있다고 본 것 같다. 그렇기에 욕망의 노쇠함이 압도해 버려서 '수동적인 인간'으로 변이되는 시기는 성격의 '발달'development of personality 과정에 넣을 생각조차 못 한 것이 아닐까?

현대 심리학자 에릭 에릭슨Erik Erikson은 인간의 성격이 프로이트가 외면했던 성인기 이후의 시간을 포함하여 전 생애에 걸쳐 발달한다는 것을 강조하고, 이를 8단계로 나누어 설명했다. '심리 사회 발달 이론'이라는 이름에 걸맞게 그는 인간의 심리를 사회적 상호 작용의 결과로서 이해했다. 특히, 단계별로 성취해야 할 과업과 미성취 시 겪게 되는 위기로 나누어 단계별 성장 혹은 후퇴 과정을 설명했다. 에릭슨도 프로이트의 항문기와 마찬가지로 2-3세 때 습득하는 배변 조절 능력이 자율성 발달과 직결되어 있음을 강조했다. 대소변에 대한 통제 능력은 곧 만물에 대한 통제 능력으로 발전할 수 있기 때문이다. 그러나 이 시기에 발달하는 데 문제가 생기면, 아이는 수치심을 내면화하는 기질로 자라게 된다고 에릭슨은 지적했다.

에릭슨의 이러한 통찰은 치매 환자를 이해하는 데도 큰 도움이 된다. 대소변 실금으로 힘들어하는 아버지의 감정은 잘못을 저질렀다는 도덕적 죄책감과는 결이 달라 보였다. 그것은 수치심에 가까웠다. 대변 실금을 한 뒤 바지를 벗지 않으려고 하거나, 아내의 도움은 받아도 딸의 도움을 받지 않으려고 할 때, 결정적으로 도움을 받은 뒤 부쩍 의기소침해지는 모습을 보일 때, 나는 무너져 내리는 신체 능력으로 인해 자기 존재의 가치를 상실한 것 같은 깊은 좌절에 빠진 한 인간을 보았다. 그때 나는 처음으로 그나마 다행이라고 안도했던 것 같다. 방금 일어난 일을 금세 잊어버리게 하는 질병이 아버지가 방금 느낀 존재의 굴욕까지 함께 지워 줄 것으로 생각했기 때문이다.

하지만 에릭슨이 성인기 이후 인간의 사회 심리 발달의 마지막 단계로서 65세 이후의 '노년기'를 처음으로 이론화했다고 했다고 해서, 대소변 실금을 하는 수동적 인간 존재에 대한 적극적 변호가 담긴 것은 아니었다. 그가 프로이트가 외면했던 노년기를 인간의 심리 발달의 마지막 과정에 포함하여 이론화한 책이 1959년 출판된 『정체성과 인생 주기』*Identity and the Life Cycle*인데, 그때 그의 나이는 만

57세였다. 아직 65세 이후의 노년기를 직접 경험해 보지 않았던 에릭슨은 노년기를 지혜의 시간으로 규정하며, 노년기에 접어든 사람은 자기 삶을 회고하며 있는 그대로의 자기 삶을 수용하는 '자아 통합'을 이루거나, 이에 실패할 때 상실감이나 불만에 찬 '절망'에 직면하여 죽음을 두려워하는 상태에 빠진다고 설명했다. 이후 그의 8단계 이론은 누구도 부정할 수 없는 현대 심리학의 기초가 되었다.

* * *

그런데 에릭슨 자신이 90세가 되자 그는 자아 통합을 이루는 지혜로운 노년기, 그러니까 상대적으로 젊은 노년기와는 전혀 다른 시간에 직면했다. 평생 에릭슨의 학문적 동지로서 곁을 함께했던 아내 조앤 에릭슨 Joan Erikson의 기록에 따르면, 두 부부는 지혜롭고 품위 있게 노년기를 받아들이면서도 90세가 넘으면서 "**천천히** 늙어 가는 데서 비롯되는 피할 수 없는 문제들"을 경험하게 되었다.[3] 92세로 에릭 에릭슨이 세상을 뜨기 전 그 마지막 몇 해 동안, 그는 여느 노인들처럼 철저하게 타인의 도움에 의존해야 하는 시간을 보내야 했기 때문이다.

70세 노인이 자신의 삶을 돌아보며 '절망'을 느끼는 것이 사치로 여겨질 만큼, 90세 노인은 신체 기능의 상실과 붕괴로 지나온 삶에 대한 만족을 따질 힘도 남아 있지 않다. "별 탈 없이 하루를 보내는 거만으로도 만족해야 하는 상황"에[4] 직면하게 된 것이다. 더군다나 평생을 함께했던 이들의 죽음 소식이 하나둘 전해질 때면, 90세 노인은 다가올 자신의 죽음으로 감당하기 쉽지 않은 두려움과 슬픔에 쉽게 빠질 수밖에 없다.

이제 에릭슨은 자기가 겪고 있는 90세 노인의 삶을 직접 이론으로 펼쳐 출판할 수 없을 만큼 약해졌다. 다행히도 그는 자신의 저작을 거듭 읽으며 떠오르는 비판적 단상들을 메모로 적어 두었고, 그가 세상을 떠나기 직전 아내 조앤이 그 메모들을 발견했다. 에릭슨보다 한 살 어렸던 조앤은 그가 세상을 떠난 후 에릭슨이 썼던 『정체성과 인생 주기』의 개정 증보판을 부부 공저로 *"The Life Cycle Completed: Extended Version"*(한국어 번역본 제목은 "인생의 아홉 단계")이라는 제목으로 출간했다. 에릭슨이 남긴 메모들을 토대로 8단계 이후의 9단계의 인생 여정을 기록한 것이다.

90세를 훌쩍 넘겨 평생의 동반자를 잃은 조앤이 직접 서술한 이 책의 서문에는 노년기의 속성을 '지혜'로 규정했던 이전의 설명에 '완성'이라는 두 번째 속성을 덧붙였다. 그러나 조앤조차 '완성'이라는 노인의 속성이 실제로는 사람들에게 쉽게 이해받지 못할 것이라고 인정했다. 완성이라는 개념이 "동상으로 세워져 불멸성을 얻은 인물의 속성인 양 숭고한 개념"으로[5] 여겨진다면, 휠체어를 타야만 이동할 수 있고, 대소변 실금을 반복하며, 심지어 콧줄(엑튜브)로 영양을 공급받아야 생존이 가능한 노인의 상태를 인생의 '완성'이라고 말하는 것에 동의할 수 있는 사람이 많지 않기 때문이다. 하지만 '지혜롭게도' 조앤은 '완성'integrity이라는 단어의 'teg'가 'touch', 즉 '촉각'tact이라는 말에서 유래한다는 사실을 강조하며, 90세의 노년기를 '완성'이라고 말한 자신의 근본적 의도를 다음과 같이 설명해 간다.

> 웅장한 건축물을 세우고 도구를 제작하며 하늘과 땅의 신성하고 강력하고 지혜로운 계시에 응답하는 것도 모두 우리의 몸, 우리의 감각 기관을 통해 하는 일이다. 우리가 살아가고 움직이고 이 땅을 다른 사람들과 공유하는 것 역시 현실에서 하는 일이다. 접촉contact 없이는 성장하지 못한다. 사실 접촉이 없다면 생명 자체가 존재할 수 없다. 독립성이란 착각에 불과하다.··· 완성은 이 세상과 온갖 사물들, 특히

사람들과의 접촉을 증진시키는 기능을 한다. 완성은 구체적이고 현실적인 삶의 방식이며 우리가 추구하고 성취해야 할 고결한 목표이다.

…완성은 예전에는 밤하늘의 별처럼 빛나는 미덕이었지만 지금은 우리의 일상과 세속적인 삶에 매우 가까이 있는 요소가 되었다. 완성은 우리의 존재를 현실 세계로 이어 주며 빛, 소리, 냄새 그리고 모든 살아 있는 존재와 접촉하게 해 준다. 모든 사람과 모든 사물이 그 어느 때보다 중요해졌다. 모든 만남은 특별한 의미를 띠고 풍요로움을 제공해 주거나 예상치 못한 가치 있는 목표를 지향하게 해 준다.

서구 근대적 세계관을 어느새 생각과 행위의 아비투스로 단단하게 내면화해 놓은 우리는 인생의 완성을 독립적인 주체가 되는 것, 그래서 가족이나 요양 보호사 그 누구에게도 의존하거나 도움을 받지 않고 끝까지 자립적으로 생활할 수 있는 삶이라 여겨 왔다. 그러나 조앤 에릭슨의 지혜로 노년기의 '완성'에 대한 새로운 해석이 이제 우리에게 주어졌다. 인간의 삶은 접촉하는 존재의 능동성에 머물지 않고 접촉당하는 존재의 수동성에 이르러서야 비로소 완성되는 것이다. 그러나 '접촉'의 완성은 존재의 능동성과 수동성의 경계를 궁극적으로 모호하게 한다. 실제로 나는 내가 아버지의 몸을 따뜻하게 쓰다듬는 능동적 접촉에서 유년 시절 아버지가 나를 따뜻하게 안아 주던 수동적 접촉을 매번 동시에 떠올린다. 그러니 아버지의 삶이 지금 우리의 접촉으로 완성되고 있다면, 그 시작은 내가 아니라 아버지 자신이다.

대소변을 스스로 통제하지 못하는 치매 환자를 돌보기 위해서는 무수히 많은 접촉이 필요하다. 손과 팔, 몸의 접촉은 물론, 시각과 청각, 후각의 접촉이 필요하다. 오감의 접촉 없이 우리는 결코 환자를 돌볼 수 없다. 타인과의 접촉 없이는 혼자 생존할 수 없는 삶의 마지막 때가 있는 것이다. 조앤은 이러한 상태를 '수치심'으로 받아들이지 않도록 새로운 관점을 우리에게 열어 주었다. 인생의 완성은 독립적 주체가 되는 것이 아니라, '접촉당하는 존재'로 자신을 내어주는 일을 통해 ─ 노인의 성격이 까칠한 성격이든 순한 성격이든 상관없이 ─ 사람과 사람 사이의 관계를 만들어 내고, 관계적 존재로서의 인간의 본질이 결국 '접촉'의 헌신을 통해 이루어질 수밖에 없는 것임을 세상에 증거한다.

신학적으로 보자면 기독교가 믿는 하나님은 영이시기

때문에, 반드시 육체를 통할 수밖에 없는 오감의 '접촉' 방식으로는 사람과 관계 맺을 수 없다. 그로 인해 하나님은 아들 예수를 이 땅에 보내셨다. 성육의 몸이 있어야 앞 못 보는 자의 눈에 진흙을 발라 주실 수 있고, 혈루증 앓은 여인이 그의 옷자락을 만질 수 있다. 물론 하나님의 아들은 다시 하늘로 돌아갔다. 그러나 예수는 '접촉'의 대리자들을 세상에 남기셨다. 그는 육체의 삶이 그 끝을 향해 막 달려가기 시작할 때 제자들의 발을 손수 닦으시며 "내가 너희의 발을 씻어 주었으니, 너희도 서로 남의 발을 씻어 주어야 한다"라고 명령하셨다. 접촉의 공동체로서 그리스도 공동체를 불러내셨고, 접촉의 헌신을 통해 그리스도의 제자 됨을 세상에 증명해 보이도록 하신 것이다.

인간의 나라가 마지막에 이를 때까지, '접촉당함'이라는 수동성은 여전히 수치스러울 수 있다. 하지만 육체를 입은 예수도 '접촉당함'의 모욕적 수동성을 겪으셨다. 교회는 그것을 '그리스도의 수난'이라고 불러 왔다. 빌라도의 재판이 끝나자 로마 군사들은 예수에게 침을 뱉고 머리를 내쳤다. 옷을 벗기고, 이리저리 끌고 다니기까지 했다. 그들은 그의 손과 발을 못으로 내리쳤다. 인간의 나라에서는 '접촉'의 사건을 돌봄과 보살핌이 아니라 폭력과 살인으로 변질시키는 행태가 끊이지 않고 발생한다. 예수는 그러한 나라에 하나님의 나라를 선포하셨고, 제자를 부르셨다.

* * *

어떻게 접촉할 것인가? 이 질문은 치매 환자 곁에서 독박으로 그를 돌보는 가족이나 요양 보호사에게만 던져진 질문이 아니다. 우리 모두를 향한 질문이다. 병상의 노인이 의식이 미미하여 '접촉됨'의 허용 의사를 아무리 직접 밝힐 수 없다고 하더라도, 인격적 접촉에는 근본적으로 그의 의사를 존중하여 함부로 대하지 않도록 하겠다는 암묵적인 약속이 전제되기 때문이다. 그래서 이 질문은 윤리적인 질문이면서, 사회적인 질문이자, 정치적인 질문이다. 결국 '우리는 우리의 노년에 어떻게 접촉당하며 살고 싶은가?'라는 질문으로 연결될 수밖에 없다. 접촉의 능동성에서 접촉의 수동성으로 전이되는 과정에서만 우리의 삶이 '완성'된다. 다행히도 94세의 조앤 에릭슨은 이에 대해 다음과 같이 '유쾌하게' 답했다.

> (노년의) 우리가 갖춰야 할 것은 모든 관계에서 촉각과 시각을 가지고 살아가는 데 필요한 생기와 깨어 있음이다. 우리

는 적응의 과정에 참여해야 한다. 기지와 지혜를 모두 동원해서 정신적, 신체적 능력 저하를 가볍고 유쾌하게 받아들여야 한다.[6]

똥의 신학은 '접촉'의 능동성과 수동성이 함께 작용하는 '전적인 돌봄'이 환자 당사자와 돌보는 자 모두 너무 우울해하거나 절망하지 않도록, 아주 작은 일들에서 미소와 웃음, 안도와 보람을 찾아낼 수 있도록 돕는다. 적어도 인간의 언어 중에는 하루하루를 무사히 때우는 것만으로 감사한 삶이 있다는 것을 고백하는 신학이 그 일을 제일 잘 할 수 있도록 돕는다.

(로션을 발라 주며) "여보, 이렇게 닦으니까 얼마나 개운해? 그렇지?"

(얼굴을 쓰다듬으며) "아빠! 엄마가 깨끗하게 목욕시켜 주니까, 얼굴이 훤하다. 우리 아버지, 치매 환자 중에 제일 잘생겼네!"

우리 말을 이해했는지 아닌지, 축 처졌던 마음이 풀렸는지 아닌지, 여전히 알 수는 없지만, 이렇게 우리는 오늘 하루를 버텼다. 우리의 접촉이 여전히 그를 우리 곁에 붙들고 있다. 하나님이 이 접촉을 허락하실 때까지, 나는 아버지의 등을, 뺨을, 손을, 매일매일 쓰다듬고 보듬을 것이다.

9

만약 내가
치매에 걸리거든

채은(가명)아, 알츠하이머에 걸린 네 할아버지와 우리 가족의 동거 이야기를 글로 펴내려고 계획했던 순간부터 맨 마지막 장에는 '나는 내 치매를 받아들일 수 있을까?'라는 소제목으로 마칠 생각이었어. 제목을 의문형으로 달아 놓고 생각을 마무리할 계획이었지만, 지금 와서 다시 생각해 보니 나는 이 글을 계획할 때부터 '나는 내 치매를 결국 받아들일 것이다'라는 결론으로 끝내려고 했던 것 같아. 늘 구원의 소망을 말하는 신학자라는 직업 습관이 그러한 해피 엔딩을 기획하게 했을까?

하지만 용기가 지나쳤던 것 같아. 글을 쓰는 동안에도 할아버지의 병이 생각보다 빠르게 진행되다 보니, 나는 쉽게 해피 엔딩을 주장하기 힘들어졌어. 연재를 시작할 때는 할머니가 드리는 용돈을 잘 보관할 수 있을 만큼은 경제관념을 갖고 계셨는데, 지금은 당신 지갑이 무엇에 쓰는 용도인지도 아예 잊어버리셨지. 그 사이 집에 찾아오는 네 외삼촌을 할아버지는 거의 알아보지 못하게 되었어. 일요일날 외삼촌이 담임하는 교회에 가서 양복 입은 '목사 아들'을 볼 때만 자기 아들로 알아보시는 것 같아. 너도 잘 알겠지만, 요즘은 매일 밤 침대에 누웠다가 다시 일어나 현관 앞에 우두커니 서서 밖에 나가겠다고 조르는 일을 여러 차례 반복해야만 잠을 주무시고. 그냥 증상이 조금씩 악화하기만 한 것은 아니지. 네 아빠는 혼자 외출하겠다고 우기는 할아버지를 막다가 사위인 줄 못 알아보는 할아버지에게 얼굴을 맞아 입술이 부르트고 눈에 핏줄이 터지기도 했지. 그때 우리가 느낀 속상함은 말로 할 수도 없을 만큼 컸잖니.

원래 글쓰기란 게 말도 안 되게 굴곡진 삶을 어느 정도 이해할 수 있는 이야기로 만드는 작업인 것 같아. 그러니 아마 이 글을 읽을 사람들은, 나와 우리 식구에게 일어나는 말도 안 되게 절망적인 사건들을 날 것 그대로 접하는 게 아닐 거야. 우리가 겪는 많은 경험 중 내가 글의 소재로 선택하여 이해할 수 있게 정리한 것들과 '더 잘 살아 내고

자 하는' 의미를 부여한 해석, 그리고 희망 섞인 다짐의 마음을 끝까지 놓지 않으려고 노력한 것을 읽게 될 거야. 물론, 글을 쓰면서 진심이 아니었던 순간은 단 한 번도 없었다. 그러나 그렇게 매끈한 글을 독자가 읽는다고 해서, 삶까지 매끈하게 정리되는 것은 아닌 것 같아. 나는 조금씩 악화되는 할아버지의 증상에 치매 환자와 함께 사는 일이 내가 생각했던 것보다 훨씬 어렵다는 걸 생활 속에서 점점 더 많이 알게 되었지.

그러다 보니 이 글의 마지막 장을 '나는 내 치매를 받아들일 수 있을까?'라는 제목으로 써 나가는 게 참 쉽지 않더구나. '나의 질병'으로서의 치매는 결국 몸과 마음, 정신이 보통의 노화 속도보다 빠르게 약해지고 망가지면서 나를 이전의 나와는 아주 다른 존재로 만들어 버릴 테니까 말이야.

그런데 정말 어려운 문제는 단순히 다른 존재로 변하는 데 있는 게 아니라, 변화의 방향성이 다른 사람의 도움 없이는 살기 힘든 존재로 만들어 버린다는 데 있는 것 같아. 이제 할아버지는 무엇을 입을지, 무엇을 먹을지, 어디로 가야 할지 혼자 결정해서는 안 되는 존재가 되었잖니. 혼자 결정하다가는 자신뿐만 아니라 타인의 안전이나 생명마저 위험에 처하게 할 수 있을 만큼 취약한 상태인 거지. 누군가의 돌봄이 꼭 필요하게 되었다는 건 의존이 필요한 어린아이가 되는 것과 사실 크게 다를 것이 없어 보이지. 그렇지만 치매 환자의 의존성은 어린이의 의존성과는 달리 개선되는 게 아니라 더욱 강화되고, 또 그 의존성이 삶의 시간보다는 죽음의 시간을 더 빠르게 재촉하고 있다는 면에서 본질적으로 고통스럽고 슬퍼.

그 점을 생각하니, 내 치매를 받아들이고 말고 하는 문제는 오로지 나에게만 달려 있지 않다는 생각이 들더라. 이 질병이 꼭 나이가 많은 순서대로 걸리는 것은 아니지만, 그래도 이 문제는 결국에 너를 사적으로, 또 공적으로 소환할 수밖에 없겠다는 생각이 들었어. 그래서 생각했지. '나는 내 치매를 받아들일 수 있을까'를 고민하며, 내 고민을 너에게 미리 공유하기로 말이야. 아직 미성년인 너는 이 글을 지금은 그리 대수롭지 않게 여길지 모르겠다. 그렇지만 글은 글쓴이가 자기 글을 잊어버릴 정도로 약해지거나, 심지어 세상에 더 이상 존재하지 않게 되어도 그대로 남아 있잖아. 철학자 리쾨르의 말대로 글은 "죽음을 모르는 지속성의 시간"을 갖고, "자기만의 시간을 살아갈 다른 존재"에 의해 언젠간 받아들여질 수 있는 "초역사적인 시간"을 가지니까 말이야.[1] 그러니 나중에 내가 칠십이 넘어 혹시나 알츠하이머에 걸리면, 그때 마흔 즈음에 네가 이 글을 꺼내 이 엄마의 생각을 다시 읽어 주었으면 한다. 그때는 나도 기억하지 못하게 될 나의 진심을 말이야.

* * *

너에게만은 덤덤하고 의연하게 보이고 싶었지만, 엄마도 사실 많이 불안했어. 네 할아버지를 대학 병원 신경과 치매(퇴행성 뇌 질환) 전문의에게 처음 모시고 간 것은 동네 정신과 의원에서 처방받은 우울증 약을 드셔도 감정의 이상 증상이 크게 개선되지 않았기 때문이었어.* 처음 문진한 신경과 전문의 선생님은 간이 검사를 통해 할아버지가 알츠하이머 치매일 확률이 높기는 하지만, 뇌 촬영과 추가 검사를 통해 치매 종류를 확실히 진단하자고 했단다. 그럴

- 치매 치료는 기본적으로 신경과가 담당하는데, 이상 행동 증상이 많이 발생하기 때문에 정신과 치료를 병행하기도 한다. 치매 진단은 두뇌 촬영과 인지 기능 검사 등을 통해 이루어지기 때문에, 2차나 3차 병원 진료를 통해 정확히 진단되어야 한다. 현대 의학의 발전으로 치매 종류나 증상에 따라 환자의 상황을 혁격히 개선할 수 있는 다양한 약을 처방받을 수 있기 때문에, 환자의 새로운 증상 발생에 너무 좌절하지 말고 담당 의사를 찾아가 상담하기를 권한다.

게 할머니와 나는 할아버지의 병명을 최종적으로 확인하기 위해 얼마의 시간을 더 기다려야만 했어.

    최종 진단을 받던 날 나는 미리 준비해 간 질문을 담당 선생님께 쏟아 내었어. 증상은 어떻게 발전하는지, 진행 속도는 어떻게 되는지, 치료는 어떻게 되는지, 집에서 돌봄이 가능한지 등…. 계속 이어지는 질문에도 선생님은 차분하고도 친절하게 답해 주셨어. 적지 않은 질문과 대답이 오고 갔을 때쯤, 나는 용기를 내어 마지막 질문을 했어.

"알츠하이머는 자녀에게 유전이 되나요?"
"아니요, 자녀에게 유전되지 않으니 너무 걱정하지 마세요."

걱정 어린 얼굴로 바라보는 내게 의사 선생님은 제법 단호하게 답해 주었어. 사실 나는 의사 선생님이 알츠하이머 의심 증상이 나타나니 뇌 정밀 검사를 더 해 보자고 했던 첫 진료일 이후, 알츠하이머의 예후에 대해 인터넷을 열심히 뒤져 보았어. 그런데 결국에는 어느새 '알츠하이머 유전'이라는 키워드를 반복적으로 검색하게 되더라. 인터넷에서 쉽게 찾을 수 있는 기사에서는 부모가 알츠하이머에 걸렸던 자녀의 알츠하이머 발병률이 그렇지 않은 자녀보다 높다고 했어. 아포지질단백질APOE4이라는 유전자를 가진 사람에게서 알츠하이머 발병률이 높다는 거야. 의사 선생님이 알츠하이머 유전을 걱정하는 내게 그렇게도 단호하게 아니라고 답한 것은, 할아버지 검사 결과에서 아포지질단백질이 나오지 않았기 때문이란 걸 나는 나중에야 알았어. 그러나 유전자로 인한 알츠하이머의 유전 말고도, 가족이 공유하는 생활 방식과 취향, 알츠하이머를 유발하는 다른 질병의 유전이 여전히 남아 있기는 해.

너도 잘 알듯이 나는 네 할아버지를 너무 닮았어. 얼굴 생김새뿐만 아니라 작은 체구와 체형, 심지어 내성 발톱까지 닮았지. 성격과 성질은 외모보다 더 닮아서, 할아버지가 어떠한 일로 화를 내면 왜 그렇게 화를 내는지 나는 그 생각의 흐름이나 마음 씀의 결까지 다 짐작되더라. 너도 알겠지만, 할아버지가 오랫동안 앓아 온 성인병도 내게 나타났지. 그러니 네 할아버지가 알츠하이머 진단을 받던 날, 나는 내 미래를 함께 걱정하며 두려워하지 않을 수 없었던 것이지.

아마도 그 두려움 때문일 거야. 의사 선생님이 자녀에게 유전되지 않으니 너무 걱정하지 말라고 말하는 표정에서 나는 더 묻고 싶은 것들이 있었지만 꼬치꼬치 묻지 못했어. 그 순간만큼은 유전되지 않는다는 '전문가'의 말에 기대어 내 삶을 삼킬 듯이 닥쳐온 큰 근심을 외면하고 싶었던 거야. 그렇기에 진료실을 나와서 네 외삼촌에게 최종 진단을 전화로 알려 주면서도, 유전에 관해서 묻지도 않은 외삼촌에게 "선생님이 유전 안 된다셔"라는 말을 굳이 먼저 전해 준 거지.

확률을 계산해 낼 수 있는 인지 능력은 전능지 全能知를 갖지 못한 인간에게 위험을 대비할 수 있는 기회를 주기도 하지만 오히려 불안을 증폭시키기도 해. 아무리 발병률이 0.1퍼센트라고 해도, 막상 내가 걸리면 그 고통은 언제나 100퍼센트로 다가오거든. 그러나 불안을 철저하게 대비하는 것도 누구나 할 수 있는 일은 아닌 것 같아. 거의 모든 일을 늘 작심삼일로 끝내는 성격상 엄격한 식이 요법이나 인지 훈련, 신체 운동은 언제나 그냥 계획에 머물고 있어. 그나마 내가 지금 꾸준히 하는 것은 치매 보험에 가입하여 매달 납입하는 일이야. 혹시나 내게 질병이 발생한다고 해도, 형제자매 없는 네가 나를 낙후된 요양원에 보내 놓고 괜히 혼자 죄책감에 괴로워하지 않을까 걱정되어서 말이야. 그러니 채은아, 너무 고민하지 말고 국가가 치매 환자에게 주는 급여에 엄마가 미리 준비해 놓은 보험금을 더해

괜찮은 요양원에 보내 주라. 엄마는 그곳이 새로운 사람들을 만나 관계를 맺고 또 다른 삶을 열심히 살아 내는 새로운 공간이자 사회라고 생각할 테니. 걱정하지 마. 먹고 싸는 것도 열심히, 숨쉬기도 열심히, 사부작사부작 걷는 것도 열심히, 그래도 욕은 조금만 할 테니.

* * *

어떤 사람들은 이런 엄마를 비웃을지도 모르겠다. 목사가 믿음도 없이 열심히 기도하지 않고, 한낱 자본주의 금융 상품 따위에 자기 미래를 맡겨 놨냐고 말이야. 실제로 그리스도인 중에는 "믿는 자에게는 능치 못할 일이 없다"라거나 "'하나님은 그의 자녀들을 반드시 지켜 주신다'라는 믿음을 굳세게 가지면 문제가 생기지 않을 것"이라고 확신하는 이들이 있거든.

그러나 채은아, 엄마가 네게 솔직하게 말해 줘야 하는 것은 하나님에 대한 우리의 믿음이 정말로 크더라도, 그리고 하나님 앞에서 우리가 정말로 선하고 바르게 살더라도, 우리에게는 피할 수 없는 불행과 고통이 닥쳐올 수 있어. 구약성서에는 하나님 앞에 가장 신실하고 의로운 사람이라고 손꼽히던 욥이 갑자기 닥친 재앙과 불행으로 전 재산

뿐만 아니라, 가족과 자기 건강까지 잃는 이야기가 나와. 그러니 욥의 발뒤꿈치도 따라가지 못할 정도의 얕은 신앙과 형편없는 인격을 갖춘 내게 그런 일이 닥치지 않으리라는 법은 없단다.

하지만 안타깝게도 사람들은 그렇게 생각하지 않아. 인간은 누군가에게 닥친 고통을 보고 그 고통의 원인을 이해하고 싶어 하는 지적인 욕망이 있거든. 타인의 고통이 발생하는 원인을 잘 이해해 두면, 자기 고통을 미리 피할 수 있다고 생각하는 거야. 그때 사람들은 가장 이해하기 쉬운 방식으로 '인과응보'라는 도덕적 논리를 떠올려. 인류 사회 어디에서나 발견되는 '잘못한 것이 있으면 마땅한 대가를 치르게 될 것'이라는 가르침은 사실 사람들에게 더 나은 행동을 하도록 하는 도덕적 당위로 작동하지. 결과적으로는 사람 간에, 그리고 사회 안에 질서와 안정을 수월하게 만드는 효과를 내고. 문제는 인과응보의 도덕을 내가 무엇을 실천해야 할지 말아야 할지 판단하는 데 적용하는 것이 아니라, 타인이 현재 처한 불행이나 고통의 원인을 그의 탓으로 돌려 비난할 때 발생해. 하나님 앞에 가장 신실하고 의로운 사람이라 불리던 욥에게 엄청난 재앙과 불행이 닥치자, 친구들은 그에게 몰래 저지른 죄가 있지 않느냐고 돌이켜 반성하라고 비난했어. 그들은 하나님이 전능하신 분이기 때문에 아무리 인간이 꼭꼭 숨긴다고 해도 다 아시며 반드시 벌을 내리신다고 확신했던 거지. 잘못한 사람에게 벌로 고통을 내리시는 것을 '하나님의 정의'라고 생각한 거야. 그들은 하나님을 그의 뜻을 어기는 사람들에게 엄격하게 '심판'을 내리시는 절대적 존재로 숭배한 거지.

욥은 처음에는 꽤 오랫동안 담담하게 고통을 견뎠어. 자기가 다 이해할 수 없는 전능한 하나님만의 숨겨진 뜻이 있다고 생각한 거지. 그러나 친구들이 자꾸 자신의 탓을 하자 결국 하나님 앞에 원망을 터뜨렸어. 그도 유한한 인간이니 하나님 앞에 부족한 게 왜 없겠느냐마는, 그래도 그는 다른 사람들과 비교해서는 하나님 앞에 신실하게, 또 이웃에게 선하게 살려고 무척이나 노력해 온 사람이었거든. 그를 비난하는 친구들과 비교할 수 없을 정도로 좋은 사람이었지. 엄마 아빠 모두가 목사인 딸로 살고 있지만 "나는 그리스도인은 아니야. 하나님을 잘 모르겠어"라고 솔직히 말하는 네가 이러한 이야기에 관심이 갈지 모르겠지만, 욥처럼 의로운 사람이 당하는 불행이나 고난은 우리에게 도대체 '하나님이 존재하기는 하는 건가!' 하는 원망 섞인 질문을 피할 수 없게 해.

다신교에서는 다양한 신 중에 악하거나 열등한 신이 존재한다고 가르치고, 그러한 신이 사람들이 억울하게 당하는 불행이나 고난을 발생시킨다고 설명해. 그러니까 선한 신과 악한 신이 따로 구분된 종교에서는 의인의 고난을 선한 신에게 논리상 따질 수 없는 거지. 그러나 유일신 종교인 기독교는 하나님의 본성을 최고의 선善과 최고의 의로움義으로 설명하기 때문에, 세상 사람들에게 닥치는 고통이나 불행을 논리적으로 쉽게 설명하기가 사실 어려워. 그나마 설명할 수 있다면, '기독교의 하나님은 스스로 절대자이면서도 인간에게 자유를 준 창조주인데, 인간은 그의 깊은 뜻을 저버리고 그 자유를 남용하는 불순종의 죄를 저질렀다, 그러니 인간의 고통이나 불행은 죄를 저지른 인간의 탓이다'라는 정도로 요약할 수 있을 거야. 욥의 친구들도 결국 그러한 관점에서 욥에게 죄를 추궁하고 있다고 할 수 있어.

그래서 그런지 솔직히 나도 가끔은 사람들이 평생 목사로 살아온 할아버지가 알츠하이머로 고통받고 있다는 사실을 듣고는 혹시나 할아버지의 삶을 비난하거나 조롱할까 봐 두려워.

＊　＊　＊

채은아, 나는 사람이 고통받는 원인을 그가 저지른 죄로만 설명하는 것은 신학적으로 낮은 단계의 관점에서 바라본 것에 불과하다는 사실을 네가 꼭 기억해 주면 좋겠어. 그러한 관점은 '하나님이 절대자이자 전능자라면 왜 인간이 자유를 오용할 것을 미리 몰랐는가?', '만약, 알고 그랬다면 하나님이 인간이 죄짓는 것을 방조한 것인데, 그러한 신을 선한 신이라고 할 수 있겠는가?'와 같은 질문들에 연이어 부딪힐 수밖에 없어. 또, 세상 살다 보면 진짜 나쁜 짓을 저지른 인간들이 죽는 날까지 편안하게 살다 죽고, 그 후손들도 세상에서 온갖 부귀영화를 다 누리는 경우를 심심치 않게 보게 되거든. 그런 이들을 놔두고 하나님이 굳이 욥처럼 최대한 의롭게 살려고 노력한 사람에게 그렇게 매서운 벌을 내리시는 분이라면, 그러한 신은 논리상 편파적이라는 말이 되잖니? 당연히 '정의의 하나님'이라는 말은 사람들에게 설득력을 잃고 말지.

　그러다 보니 사람들은 삶 속에 닥치는 불행이나 고난을, 저지른 죄에 대한 벌이 아니라, 하나님이 자기 사람들을 연단하려거나 시험하려고 일부러 내리시는 것으로 설명하기도 해. 실제로 욥의 이야기 속에서도 그가 당했던 고난은 욥이 하나님으로부터 이미 너무 많은 복을 받았기 때문에 신실하고 의로운 것일 뿐이라고 사탄이 주장하며 그를 한번 시험에 봐야 한다고 나선 데서 시작했단다. 이야기 후반에 욥은 결국 하나님께 원망을 터뜨리기는 하지만, 그래도 하나님께 바로 사죄하면서 결국 고난받기 전보다 더 큰 축복을 받게 되지. 그러나 나는 이 이야기를 해피 엔딩을 위한 사전 테스트라고 말할 수는 없다고 생각해. 그가 다시 축복받아 새로운 자녀들을 얻게 되지만, 그 자녀들은 죽은 자녀들을 결코 대신할 수 없잖니. 그런데도 많은 사람이 자신이 당하는 고난을 욥이 받았던 연단과 같은 것으로 굳게 믿고, 그 과정을 이겨 내기 위해 더 애를 쓰고 고통을 견디는 이들도 적지 않아.

그러나 이러한 설명 방식도 결국에는 '시험의 결과를 전능한 하나님이 미리 내다보지 못한다는 것인가?'라는 질문, 즉 그의 전능함에 손상을 주는 질문으로 나아가게 하지. 심지어 '하나님은 더 큰 복을 위해 엄청난 고통을 참아 내는 인간을 가만히 지켜보는 사디스트인가?'라는 불경스럽지만 논리적으로 가능한 질문을 발생시켜. 교회 변증가들이 아무리 힘든 세상에 자식이 잘 살아 낼 수 있도록 훈련하는 엄격한 가부장 아버지의 이미지를 가져다 '고난을 기꺼이 주시는 하나님'일 뿐이라고 변증한다고 해도, 근본적으로 그러한 질문들의 날카로움을 빠져나가기는 쉽지 않아.

'하나님은 전능하다면서, 또 하나님은 선하고 정의롭다면서, 왜 세상의 비극과 인간의 고통을 방치하는가?' 결국 앞에서 말한 비판적 질문들은 모두 이 질문 하나로 요약된다고 할 수 있어. 이 질문이야말로 많은 그리스도인이 그토록 의심 없이 신앙하는 하나님의 전능함과 선함, 그리고 정의로움을 결정적으로 훼손할 만큼 강력한 질문이지.

채은아, 나는 기독교 신학자이지만 아무리 공부해도 그 부분에 명확하게 답하는 게 쉽지는 않다. 인간에게 왜 불행과 고통이 닥쳐오는지, 전능한데 선하고 정의롭기까지 하다는 하나님의 본성으로는 도대체 그 문제에 완벽하게 답하기가 어려워.

* * *

그러나 공부하면 할수록 조금씩 명확해지는 것은 기독교는 고통의 원인을 이해하기 위해 믿는 종교가 아니라는 거야. 그 대신 기독교는 고통을 함께 나눠지고 고통을 멈추기 위해 공동체를 이루어 살아가는 삶의 종교라는 생각이 점점 들더라. 브라질의 여성 신학자이자 생태 신학자인 이본 게바라Ivone Gebara는 고통의 원인을 신학적으로 탐구할 때 등장하는 악惡에 대해 이렇게 말했어.

> 나는 우리가 더 이상 어떤 악들evils의 의미를 찾고자 최초의 원인을 찾는 일을 그만두기를 제안한다. 우리는 단지 사람을 위로하고, 불의와 육체적 고통과 같은 현재의 악의 뿌리를 이해하려고 애쓰기보다 우선 [현재의 악을] 없애야 하는 책임을 수용해야만 할 것이다. 행복과 관용의 경험 중의 일부가 그런 것처럼, 어떤 악들은 자주 우리의 이해를 벗어난다.[2]

우리는 욥의 이야기를 읽는 성서 독자로서 하나님과 사탄의 사전 모의를 알고 있지만, 욥의 관점에서는 왜 자신이 그런 고통을 겪어야만 하는지 전혀 이해할 수 없어. 문제는 이해할 수 없는 고통을 죄나 악으로 규정하고 곧장 그 발생 원인을 고통 속에 몸부림치고 있는 사람에게 전부 돌리는 것은 참 잔인한 일이라는 거야. 게바라가 악의 최초 원인을 찾는 일을 그만두자고 제안한 것도 세상의 악들은 다양한 사회적인 원인과 얽혀 있기 때문에, 한두 명의 죄인을 골라내는 것만으로는 그 원인을 모두 밝히기 어려운 것투성이기 때문이었어. 그래서 기독교의 원죄론은 아담이나 하와에게 지금 우리 모두가 물들어 있는 죄의 원인을 떠넘기기 위함이 아니었던 거라고 나는 믿어. 현재 피조 세계의 고통이 아담과 하와의 후손 모두에게 얽히고설켜 있다는, 공동체적 책임의 고백이 창조 이야기에 담겨 있다는 것을 인정할 때만 나는 기독교의 '죄'와 '악'에 대한 이해가 제대로 드러난다고 생각해.

기독교의 신앙과 신학에서 창조주 하나님만큼 그의 아들 예수 그리스도가 강조되는 것도 사실 같은 이유란다. 오늘날 많은 그리스도인이 예수를 하나님과 같이 절대적 위치에 놓고 숭배하지. 그러나 예수가 그리스도로서 기독교 신앙의 핵심이 되는 이유는 그가 하나님 자신이자 그의 아들로서 그의 자리를 스스로 버리고 우리와 같은 인간이 되셨고, 죽음으로 점철되는 인간의 고통에 함께 참여하셨다는 그리스도인들의 고백 때문이야. 과학이나 철학의 논리로는 궤변에 불과한 것이 분명하지만, 이 성육신 고백에는 엄청나게 중요한 신앙神仰이 담겨 있다고 할 수 있어. 세상을 만드신 창조주 하나님은 죄인을 심판하기 위해 전능하신 것이 아니라, 죄인을 사랑하기 위해 전능하신 거라는 신앙이. 혹은 전능하기 때문에 죄인을 심판하고 벌하시는 것이 아니라, 전능한데도 불구하고 그 오랜 시간 죄인을 기다리며 용서하시는 거라는 신앙이. 그리고 예수 그리스도야말로 그 사랑과 기다림, 용서의 절정이라는 신앙이.

* * *

그러니 그리스도인들은 어떻게 살아야 할까? 죄를 짓지 않기 위해, 죄에 물들지 않기 위해 모든 죄로부터 자신을 철저하게 정결하게 지키는 결벽증을 갖고 살아야 할까? 아니면, 우리는 어차피 죄를 지을 수밖에 없고 벌은 피할 수도 없는 운명이니, 절대적 심판관 앞에 납작 엎드려 시키는 대로 복종하며 그의 관용을 간구하며 살까?

나는 확실히 그 두 방법 모두 아니라고 너에게 말할 수 있어. 그리스도인들이 하나님을 믿는 것은 오직 예수 그리스도를 통해서만 가능한 일이거든. 그리스도인들이란 죽기까지 인간의 고통에 참여한 예수 그리스도를 따라 그가 보여 준 방식으로 타인의 고통에 동참하고, 더불어 사랑하며 살기로 다짐하고 노력하는 이들이어야 해. 정결이나 복종이 아니라! 예수를 사랑한다면, 내 이웃을 내 몸과 같이 사랑하며 살려고 최선을 다하는 것. 그것이 그리스도인의 삶에 핵심이 되어야 해.

채은아, 혹시 나중에 엄마가 알츠하이머에 걸리거든, 이렇게 생각해 주라. 엄마는 잘못한 것이 분명히 적지 않을 테지만, 하나님은 그 잘못 때문에 벌을 주신 게 아니야. 나중에 더 큰 복을 내리려고 하나님이 엄마를 연단하시는 것도 아니란다. 너도 하나님에게 시험을 받는 게 아니야. 나는 하나님이 나를 성숙시키기 위해 네 할아버지에게 치매라는 고통을 주면서까지 나를 연단하신다거나 시험하신다고 생각하지 않아. 할아버지도 하나님에게는 누구와도 바꿀 수 없는 귀중한 생명일 테니. 그러니 채은아, 21세기 현대인답게 병의 원인을 설명하는 것은 과학과 의학의 몫이라는 사실을 온전히 받아들여 줘. 현대 의학 기술의 발달로 인간의 수명이 놀랍게 늘어났지만, 인간 지식이 불균형하게 발전하여 아직까지는 뇌의 건강까지 함께 확보하지 못해서 알츠하이머에 걸린 거라고 알아 줘.

물론 여전히 신학적으로 설명할 수 있는 것들은 남아 있어. 기술은 에덴동산에서 추방되어 땅을 수고롭게 일궈야지만^{cultivate} 생존할 수 있는 인간의 문화적 존재 방식이자 도구라는 점이지. 그래서 기술은 인간을 생존하게도 하지만, 인간들 사이의 권력 싸움과 착취의 원인이 되기도

해. 참 아이러니하다는 말이야. 기술 덕분에 알츠하이머의 병리적 원인을 분석하고 더 나은 치료 방법도 찾을 수 있게 되었지만, 기술의 사용은 결국 정치와 자본의 권력을 가진 정도에 따라 접근 가능성이 현격히 달라지기 때문에 근원적으로 사람들 사이의 불평등을 초래하게 되어 있어. 국적에 따라, 계층에 따라 치료받을 수 있는 정도가 확연하게 다르지 않니?

* * *

채은아, 나는 네가 언젠가 그리스도인이 되기를 소망한다. 그러나 너와 네 주변의 사람들에게 닥친 고난이나 불행의 원인을 찾기 위해 함부로 하나님의 이름을 망령되게 일컫지 말길 바라. 기독교 신앙은 고통의 원인을 따져서 책임 출처를 밝히는 것보다, 고통에 함께하며 고통으로부터 함께 벗어나는 책임을 공유하는 데 더 초점이 있으니까. 네가 당하는 고통을 네 잘못 때문이라고 쉽게 치환하는 사람과 멀리하렴. 최후의 복을 내리시기 위한 하나님의 연단이나 시험이라고 너무 단호하게 말하는 사람도 의심하고. 고통은 하나님이 인간에게 일부러 내리시는 것이라고 너무 쉽게 단정하면 안 돼. 다만, 우리는 왜 이렇게 되었는지 알

수 없는 고통을 겪으며 하나님이 우리와 함께하심을 고백하는 것이지.

그러니 타인의 고통에 함께 가슴 아파하고 손잡아 주며, 할 수 있는 한 그 고통을 덜어 내고 막아 내는 사람이 되도록 해 보자. 나는 우리에게 닥친 고통 속에서도 함께하는 사람들을 통해 결국에는 우리와 함께 아파하는 하나님에 대해서도 고백할 수 있을 거라고 생각해. 그것이 예수 그리스도 성육신 신앙의 핵심이기 때문이지. 물론 너무 어려운 일이라 나도 매번 실패하지만, 그리스도인에게는 그 길밖에 없어.

그렇다면 우리는 어떻게 이 고통을 없애기 위해 책임을 공유할 수 있을까? 지금 우리 가족을 돌아보자. 우리는 할아버지의 고통을 할아버지 혼자 당하도록 놔두거나, 할머니 혼자 돌보도록 하지 않았지. 온 가족이 할아버지의 고통을 함께 나눠 지기 위해 노력하고 있잖니. 그러나 그것만으로는 부족해. 할아버지에게는 다행히 할아버지를 돌볼 책임을 나눠 질 아내도 있고, 자녀도 있고, 손주도 있지만, 세상에는 가족이 없거나 가족이 있어도 그 책임을 전부 감당하지 못할 상황에 있는 사람들이 너무 많이 있단다. 그래서 책임은 언제나 가족보다 큰 사회 공동체로 확대되어야 해. 21세기 사회에 그러한 공동체는 주로 지역이나 국가 단위로 이루어질 수밖에 없어. 그러니 우리가 우리 자신이나 가족, 나아가 이웃의 고통을 함께 나누고 없애기 위해 노력해야 하는 그리스도인이라면, 그 일을 더 잘하기 위해 우리는 우리 지역과 국가 공동체의 더 좋은 돌봄의 제도들을 만드는 일에 애를 쓸 수밖에 없어. 교회의 봉사나 그리스도인들의 기부만으로는 고통 속에 있는 사람들을 돕기가 역부족이거든. 그러나 아직도 많은 그리스도인이 정치를 권력 다툼으로 오인하고, 돌봄을 위한 사회 복지를 공산주의식 제도라고 꺼리고 있어.

* * *

이제 다시 이 질문으로 돌아와 볼게. '나는 나의 치매를 받아들일 수 있을까?' 이제 정말로 솔직해진다면, 나는 지금 당장 그럴 수 있다고 말할 수는 없어. 그러나 적어도 두 가지의 문제가 해결된다면, 나는 결국 내 치매를 받아들일 수 있을 것 같아. 먼저, 나는 한없이 취약해져 가며 철저하게 의존적으로 변화하게 될 나 자신을 인정하고 수용해야겠지. 아마도 기억이 남아 있고 의식이 남아 있을 때까지 수치심과 싸우게 될 테지만, 나는 그것을 퇴행이라고 생각하지 않도록 지금부터 최선을 다해 노력해 볼 거야. 아침에는 네 발로 걷다가, 낮에는 두 발로 걷고, 저녁에는 세 발로 걷는 게 당연한 스핑크스 수수께끼의 '인간'처럼, 나에게 아침과 낮이 있었으니 저녁도 자연스럽게 오는 것으로 받아들이고 싶어.

그러나 나 혼자 그렇게 생각을 바꾼다고 해서 다 해결되는 것은 아니야. 내가 나의 치매를 받아들일 수 있으려면, 내 고통이 너의 삶 전체를 억압하지 않을 수 있도록 우리 사회의 돌봄 제도가 지금보다 훨씬 더 정교하고 두껍게 만들어져야만 해. 그러니 그리스도인들은 자기 사랑과 이웃 사랑 모두의 책임을 다하기 위해서라도, 공동체에 더 좋은 돌봄 제도와 서비스, 돌보는 사람들이 늘어날 수 있도록 적극적인 관심을 쏟아야 해. 그것이 좋든 싫든, 그리스도인이라면 인간 나라의 '정치'에 적극적으로 참여해야 해. 그러니 이것만은 기억해 줄래? 그리스도인이란 하나님 나라를 기준으로 인간 나라의 정치를 선하게 가꾸는 사람들이라는 사실을.

채은아, 만약에 엄마가 알츠하이머에 걸린다면, 치료법이 극적으로 개선되지 않는 한 언젠가 너를 까맣게 잊어버리게 될지 몰라. 아마도 너무 슬프겠지. 그러나 기억의 능력만이 관계를 지속시키는 것은 아니지 않니. 네가 내 배 속에서 꿈틀대던 것도, 막 태어나서 새빨간 얼굴로 온몸에 힘을 주어 울던 것도, 젖을 물고 자다가 씩 하고 한 번씩 웃어 주던 것도, 예상보다 훨씬 빨리 배 밀기를 하고 뒤집었던 것도, 두 발로 일어나 첫걸음마를 내딛던 것도, 처음으로 미끄럼틀을 혼자 타고 내려왔던 것도, 처음으로 연필을 잡고 그림을 그린 날도 너는 전혀 기억하지 못하잖니. 기억은 그렇게 한참 늦게 온단다. 그러니 기억이 빨리 사라지는 것도 그렇게 이상한 것은 아니야. 내가 너는 기억하지 못하는 시절을 기억하며 너를 나의 딸로 붙잡고 살듯이, 너도 내가 기억하지 못하게 될 시간을 기억하며 나를 너의 엄마로 붙잡고 살 수 있을 거야. 슬프겠지만, 그래도 죽을 때까지 유쾌하게! 나는 기억이 사라지고 취약함이 더해질 시간을 그렇게 보내고 싶어. 그런 나의 길을 지켜보고 기억해 주지 않을래?

주

1. 배회의 병 치매: 안과 밖을 순환하다

[1] "등급판정 기준 및 절차", 국민건강보험공단, https://www.longtermcare.or.kr/npbs/e/b/201/npeb201m01.web?menuId=npe0000000080&zoomSize=.

[2] 히라마쓰 루이, 『치매 부모를 이해하는 14가지 방법』(뜨인돌), p. 70.

[3] Gaston Bachelard, La poétique de l'espace, p. 193. 『공간의 시학』(동문선).

2. 우스꽝스러운 옷차림이 내게 질문을 합니다

[1] 히라마쓰 루이, 『치매 부모를 이해하는 14가지 방법』, p. 186.

[2] 앙리 베르그송, 『웃음/창조적 진화/도덕과 종교의 두 원천』(동서문화사), p. 15.

[3] 같은 책, pp. 110-111.

3. 모든 기억이 사라진 자리, 가부장제가 남았다

[1] Pierre Bourdieu, La domination masculine, p. 77. 『남성 지배』(동문선).

[2] 홍재란, "알쯔하이머병과 혈관성 치매 환자의 인지 기능 평가", 「대한고

령친화산업학회지」, vol. 2(2010), pp. 27-34, 특히 p. 29.
[3] Bourdieu, *La domination masculine*, p. 74.

4. 가장 미안한 사람들, 그러나 미안함의 이유를 다시 물어야 한다

[1] 스캇 펙, 『아직도 가야 할 길』(율리시즈). 벨 훅스, 『올 어바웃 러브』(책읽는수요일), p. 35에서 재인용.
[2] 이경하, "2-30대 며느리의 행위성을 통해 본 가족주의의 변화: 고학력 중간계급 여성을 중심으로", 이화여자대학교 석사학위 논문(2021), p. 40.

5. 치매 환자의 슬기로운 사회생활

[1] 악셀 호네트, 『인정투쟁』(사월의책), p. 16.

6. 가장 고마운 사람들, 그러나 고마움의 이유를 다시 물어야 한다

[1] 허은, "사회서비스 정책 결정의 트릴레마와 노인 돌봄 노동의 저임금", 「산업 노동 연구」, 25권 3호(2019), pp. 195-238, 특히 p. 199.
[2] 같은 글, p. 202.
[3] 같은 글, p. 217.
[4] 홍세영, "노인 요양 시설 요양보호사가 인식하는 돌봄 노동의 의미와 특성", 「노인복지연구」, vol. 51(2011), pp. 165-190, 특히 p. 174.
[5] 같은 글.

7. 돌보는 자의 신학: 하나님을 달리 이해해야, 사람도 달리 바라볼 수 있다

[1] 박일준, "인권에서 존재역량으로—가소성을 통해 성찰하는 공—산(sympoiesis)의 의미와 카트린느 말라부의 '파괴적 가소성'에 대한 종교철학적 성찰", 「종교연구」, 81집 2호(2021), pp. 315-350, 특히 p. 318. 카트린 말라부와 관련된 거의 모든 내용은 이 논문에서 배웠다.

8. 똥의 신학: 접촉을 허락하실 때까지

[1] 박현도, "정결은 신앙의 절반: 이슬람과 똥", 「종교교육학연구」 vol. 67(2021), pp. 81-93, 특히 p. 88.

[2] 박병기, "생멸의 과정과 배설, 감관의 수호: 똥에 관한 불교적 독해", 「종교교육학연구」, vol. 67(2021), pp. 47-64, 특히 p. 53.

[3] 에릭 에릭슨·조앤 에릭슨, 『인생의 아홉 단계』(교양인), p. 13.

[4] 같은 책, p. 177.

[5] 같은 책, p. 19.

[6] 같은 책, p. 21. 괄호는 필자의 것.

9. 만약 내가 치매에 걸리거든

[1] Paul Ricœur, *Vivant jusqu'à la mort*, p. 7.

[2] Ivone Gebara, *Out of the depths*, pp. 140-141.

죽을 때까지 유쾌하게

초판 발행 2024년 12월 30일
초판 2쇄 2025년 2월 5일

지은이 김혜령
펴낸이 정모세

편집 이종연 이성민 이혜영 심혜인 설요한 양지영 박예찬
디자인 한현아 서린나 | 마케팅 오인표 | 영업·제작 정성운 이은주 조수영
경영지원 이혜선 이은희 | 물류 박세율 김대훈 정용탁

펴낸곳 한국기독학생회출판부 | 등록번호 제2001-000198호(1978.6.1)
주소 04031 서울시 마포구 동교로 156-10
대표 전화 (02) 337-2257 | 팩스 (02) 337-2258
영업 전화 (02) 338-2282 | 팩스 080-915-1515
홈페이지 http://www.ivp.co.kr | 이메일 ivp@ivp.co.kr
ISBN 978-89-328-2310-2

ⓒ 김혜령 2024

책값은 뒤표지에 있습니다.
무단 전재와 복제를 금합니다.